兄・宇野昌磨
弟だけが知っている、秘密の昌磨

宇野樹

マガジンハウス

contents

SHOMA UNO

宇野昌磨

1997年12月17日生まれ。5歳のとき、名古屋スポーツセンター(大須スケートリンク)でフィギュアスケートをはじめ、浅田真央との出会いで、その才能を開花させた。2018年の平昌オリンピックで銀メダル、2017、18年の世界選手権でも2大会連続銀メダルを獲得。また、2016年に世界で初めて4回転フリップを成功させ、ギネス世界記録に認定されている。

ITSUKI UNO

宇野樹

2002年1月8日生まれ。宇野昌磨とは4歳違いの、ふたり兄弟の弟。高校生活を送りながらグラウンドホッケーに励むかたわら、モデル活動やテレビ出演など、さまざまなチャレンジをしている。ゲームやまんが、アニメ好きは兄弟で共通しているが、「努力派の兄と、感覚派の弟」と、性格は正反対。

UNO BROTHERS

兄弟

兄弟として、お互いを身近な存在と考えて過ごしてきた宇野昌磨と樹。兄弟ならではの共通点がある一方で、対照的な部分も少なからずあるという。ふだんは、そばにいることが自然で最もリラックスできるという2人が向き合ったとき、どのような言葉が交わされるのか。そこに意外性にもあふれた、昌磨と樹の個性が浮かび上がる。

スペシャル対談

弟／樹、兄／昌磨

素顔のふたり

――今回の出版にあたり、撮影をさせていただきました。2人でいるときは、とてもリラックスしていましたね。

昌磨　ふだん、弟とは、ほぼ話はしなくて、話すのはゲームのことくらいです。

　ただ、僕は、人といるときは気を遣うので、そのため、あまり喋らなかったりするのですが、弟の場合はそうじゃなく、自分の素がほんとうに出せるというか、何も考えずに一緒にいられます。

樹　緊張しなくて済みますね。何も考えないでいられる相手。

昌磨　口喧嘩をしたことはありますけど、殴り合ってとか、そういう喧嘩は、一度もしたことがないですね。口喧嘩といっても、絶対にゲームのことなのですが、どんなことで喧嘩するっけ？

樹　やりたいゲームが違うとき。

昌磨　それは、ただの言い合いで終わるじゃん。

　そうだ、ゲームをしていて、樹がやる気をなくすと、つまらないんですよ。やる気をなくした相手を倒すのって、面白くもなんともない。

　その樹に、僕はむかつくので、「ちゃんとやって」と言うと、「ちゃんとやっているし」って返してくから、「もういいよ、もうやんない」みたいになる。

　それでも30分後くらいには、「何やる？」という感じになります。

　僕は、手加減ができないところがあるんです。だから、手を抜かれるというか、やる気がなくなった人の相手をするのって、ただただ時間の無駄なので、「まじで、ちゃんとやって」と言う。喧嘩と言えば、それくらいですかね。

――兄弟として、似ているところと、違うところは、どんなことでしょう？

昌磨　僕も、そこまで空気を読もうとするわけではないけれど。樹は、失礼とか関係なしに、空気を読まないんですよ。

　浅田真央ちゃんにさえ、全く気遣うことなくズケズケ失礼なことを言っちゃう。そんなこと言う人、この世の中にいますか？　でも、樹は言うんです。

　本心なんでしょうけど、気を遣わないところで、思ったことを言うので、さすがに人前では気をつけろよと思います。

　でも、それが樹なんだなと思いますし、たぶん樹だったら、何を言っても、誰も怒らないのかなと思いますね。

樹　そう言われれば、そうだなという感じです。考えずに言うタイプなので。

昌磨　似ているところは、漫画とゲームが好きで、それ以外に、ほぼ興味がないこと。

　そこは似ているかな。ほとんどのことに興味がないんですよ。服だったり、外出することだったり。樹の場合は、友達と遊ぶことも多いですが、興味のあるところがきわめて少ないのが一緒で、それ以外のところは、性格も含めて違いますね。

　野菜嫌いというところも一緒ですが、樹ほどまったく食べないわけではないです。

　樹の方がひどいからね。

　僕のことをめっちゃ野菜嫌いと言っているけれど、ほんとうに、樹は食べない。

樹　いや僕は、ほうれん草とかは食べられる。

昌磨　ほうれん草でしょ？　僕も食べようと思えば飲み込める

からね。

　こういう感じで、僕の野菜嫌いを主張する。

　肉でも、樹は、鶏が好きで、僕は牛が好きだとか、僕は、漫画よりゲームよりが好きだけど、樹は、漫画の方が好きだったり。

　細かいところだと、僕は身体が柔らかいけれど、樹は硬い。

樹　硬くないから。

昌磨　いや、硬いからね。

——2人でいると、どんな風に過ごしているのですか。

昌磨　落ち着くというか、お互いが、お互いに、何も求めていないんですね。

　相談、例えば進路とか、友達関係とか、相談したことがない。ほんとうに毎日毎日、はまっているゲームがあるかないか、そういう話しかしないです。

樹　相談したいこともないから、ほんとうにゲームの話くら

い。

昌磨　お互いに頼りにしていないから、だからこそ、一緒にいても気を遣わない。無言になっても、それが気にならない。樹といて、落ち着いていられるのは、そういう関係だからだと思います。

――そういえば、「感覚派と努力派、というくらい異なる」と、樹さんが言っていました。

昌磨　樹の方が、どんなスポーツをやっても、最初はうまいんです。何をやらせても、本当にそう。でも、そこで終わるんです、樹は。うまくなろうとしない。本人は、どう思いますか。

樹　まったくもって、そのとおりですね。

昌磨　やるからには、僕は一番になりたいんです。トップを争いたい。もちろん、例えばサッカーを急にやって一番になれる

と思わない。

でも、やっぱりうまくなる努力をしたい。

僕は、何でもうまくなりたいと思うのに、なぜか、樹はやめるんですよね。そんな苦しい思いをしたくないと言う。意味が分からない。

樹　その場、その場で、そのときに通じればいいと思っているので。

昌磨　樹の場合、その場で通じなかったら、「次は頑張ろう」という風にならないでしょう？　あきらめるでしょう？　そこが違うよね。

僕は、負けたくない。

自分にも、負けたくない、人にも、負けたくない。僕は、すごく貪欲なので、すべてを完璧にしたい。

勝負に負けたくない、という思いがあるんですけど、勝つ負けるの前に、特にフィギュアスケートの場合は、自分がベストを尽くしたら、それ相応の結果がついてくると思うんですよ。

ベストを尽くしても結果が出なかったときは、僕の実力が足りなかったということ。

だから、練習を頑張るしかない。試合に結果だけ求めて挑んでも、何も生まれないのかな、と。自分のやれることをやって、それで出た結果は、自分の実力。だから結果を求めて試合はしない。

樹　努力が大好きだよね。

昌磨　樹、僕のスケートを本当に観ないよね。

以前、世界選手権で、僕がめちゃめちゃ泣いた試合があって、みんなで集まってミーティングしているところに、留学に行っている樹から、「楽しいよ」、とＬＩＮＥのメッセージが来た。それくらい試合のことを気にしない。

努力が、とか言っているけれど、ほんとうに、僕のこと見てないね。

樹　中京のスケートリンクには、行っていたから。

昌磨　ゲームしてるじゃん（笑）。

——オリンピックは、どうでした。

樹　オリンピックは、会場で観ました。

緊張せずに、自分らしくできているなと思いました。

昌磨　上からのご意見、ありがとうございます。

樹　どういたしまして。

昌磨　試合に弟が来ているというのが、ちゃんと目視できたのが初めてだったので、オリンピックの大きさを感じたし、これだけ大きい試合に僕は出て、銀メダルを獲ることができて、みんな喜んでいるなというのは感じました。樹は、喜んでいたのかなあ。

樹　おお、2位だ。すげえなあとは思った。

昌磨　なかなかやるじゃないか、みたいな？

樹　（笑）

——オリンピック以外の大会にも、観戦に行ったことはあるのですか。

樹　世界選手権などにも行きました。でも、試合前日に帰るか、いても本番は寝ているか。

昌磨　そう。来ているっていっても、本番は観ずに、僕が早入りして暇なときにゲームの相手やアップの相手をしたり。

それくらいの感覚で樹は来ていたよね。

同じ部屋にだいたい泊まって、ゲームして過ごす。

―― 試合前は、1人になりたい選手もいますが。

昌磨　僕も、そうです。

ただ、弟だけは別です。それこそ、言い方は悪いけれど、いてもいなくても変わらないくらいではあるけれど、話をする相手がいるということだったり、ゲームも、1人より2人のほうが楽しいので、暇つぶしの相手という感じです。

逆に言うと、それくらい落ち着く存在。

何も感じないんですね、弟から。

やはり試合前だと、先生や周りの方々は緊張していて、それが伝わってくるけれど、樹からは、何も感じないんです。

サッカーまだやらないの、ゲームやらないの、という感覚でいる。

だから逆に、気を遣わなくていい相手になっているのかな。

樹　僕は、いつの時間なら空いているのか、さえ分かればいいので。

昌磨　弟という特別な存在がいることで、暇つぶしにもなるし、緊張していて喋りたいと思ったときの相手にもなるし、緊張を忘れてただゲームに没頭したりできる。

やっぱり1人だと、試合のこととか、よけいなことを考えるので、言い方は悪いけど、便利だな、と思います。

―― 樹さんは、大会に向けて、昌磨さんが集中している姿が気になったりすることがありますか？

樹　気にならないですね。

昌磨　そもそも、僕が試合に集中しているな、と思ったことある？

樹　ない。

――樹さんは、この本を通じて「みんなが思っているのと、違う姿を伝えたい」そうですね。

昌磨　何か違うところある？

スケートの僕と私生活。取材で見る僕と、ふだんの僕、どう違う？

樹　スケートの昌磨はすごい人で、ゲームの昌磨はぽんこつで、取材の昌磨は落ち着いている。

簡単に、区切るとこんな感じ。

昌磨　なんで、ゲームはぽんこつなのか、そこは許せない。

樹　あとは、周りに気を遣う人であること。

昌磨　そこは、分かっているんだ。意外。

樹　周りに気を遣う、優しい人。そこは間違いない。

昌磨　そんなに気を遣っているように、見せていないんだけどね。

僕は、人には気を遣いますね。言動もそうですし、気にしていないように見せているようで、けっこう気にしています。相手の人を傷つけないように、とか。別に、友達を増やそうとは思わないけれど、仲のいい友達は絶対に大切にしたい。

友達は、絶対に傷つけない。家族も、弟に対してもそう。弟の味方でありたいなと思いますし、けっこう気にしてはいますね。

――取材のときも、気遣いを見せるときがありますね？

昌磨　いやいや、そんなことないです。僕は、あまり取材が好きじゃないんです。

でも取材から得ることもありますし、海外までわざわざ来てもらうときには、それに見合うことをしなきゃな、とは思います。

――何か言われても、気にしない？

昌磨　仲のいい友達に言われることは、めちゃめちゃ気にします。樹に言われても、気にしないけどね（笑）。

友達じゃなかったら、気にしない。どうぞ嫌ってください、そんな感じです。

――最後に、お互いへのメッセージをお願いします。

昌磨　樹が、努力をするのは苦手、というのはこれまでに分かりましたし、無理にすることはないかなとも思います。

全員が全員、努力をして報われるわけではない。それでも僕は、努力したほうがいいと思う人ですが。樹は、学生らしく今を楽しんでいればいいと思います。

ただ、樹が、本気でこれを頑張りたいと思うときが来たら、それはそれで楽しみだし、本気だと思ったら、僕も手助けできるようにしたい。

樹　昌磨には、これからもスケートを頑張って、ゲームを欠かさない生活を、ずっと同じことをしていてほしいです。

OZZY
OSBOURNE

兄・宇野昌磨

僕が生まれたのは、彼より4年遅かったから、彼は生まれた頃からすぐ近くにいつもいて、遊ぶときも、寝るときも、食事をするときも、出かけるときも、いつも一緒だった。

そんなに一緒にいても、喧嘩をしたことがなくて、僕がどれだけわがままを言っても、いつもおおらかに聞いてくれたりした。

兄、宇野昌磨はそんな人だ。

僕より歳は4つ上で、小さな頃からフィギュアスケートに打ち込んできた昌磨は、平昌オリンピックで銀メダルをとり、世界選手権でも2年続けて銀メダルを獲得。いまや世界のトップを争うスケーターになった。

僕は、今年の4月に高校2年生になった。学校に通いながら、放課後は中学校に進んでから始めたグラウンドホッケーの練習をする日々を過ごしている。

昌磨は、国際大会で活躍するにつれ、テレビや新聞や雑誌で取り上げられることも多くなった。その中では、昌磨自身のインタビュー映像も流れたりするし、試合でのレポートや解説記事、人柄や性格などがクローズアップされた記事だったり、いろいろな昌磨の姿が伝えられる。

歩んできた道も、今、立っている場所もだいぶ違うけれど、昌磨と僕は、兄弟として、小さな頃も、現在も、変わらず長い時間を一緒に過ごし、一緒に遊んでいる。昔から何も変わっていないみたいに、2人の時を過ごしている。

だからなのかもしれない。なんとなく、伝えられている昌磨の姿と、僕の抱いている像とでは、どこか違っているような気がすることがある。だから、僕の目を通して見た、昌磨の姿を伝えたいと思った。

僕が後に生まれたわけだから、もちろん昌磨の小さな頃のことは知らないし、僕が小学生の頃もはっきり覚えていなかったりする。しかも、僕は1週間前のものごとは忘れてしまうというくらい、忘れやすい。

だから家族にも「あのとき、どうだったのだろう？」「そのとき、どんなことがあったの？」と話を聞きながら、記していったのがこの文章だ。

母と父、そして昌磨

昌磨は、生まれたとき、すごく小さかったそうだ。1000グラムを切る大きさで手のひらに乗るくらい。生まれてからも長く入院していたという。

小さすぎて、呼吸器、消化器、いろいろなところに心配がたくさんあって、身体中に点滴の管を一杯つけて、ずっと保育器に入っていたらしい。母は、保育器に入っている昌磨を見て毎日泣いていたと、父から教えてもらったことがある。

僕自身は、生まれたときそんなには大きくなかったけれど、2300グラムはあった。

僕が生まれると、昌磨はいつも覗き込んでいたらしい。僕は、目を開けると、昌磨がいたって分かるのか、いつもニコニコしていたみたい。

昌磨は、僕が寝ているとき、息をしているのかすごく心配していたそうだ。


今、僕らは、2人で暮らしている。


最近の昌磨は、音楽をかけながら過ごすのが好きみたいだ。それも「心地よい」音量で、BGMとして流れるのがいいらしい。

でも、それで困ることがある。

昌磨と僕は、マンションで2人暮らしをしていて、昌磨はスマホから爆音で音楽を流すのだけど、自分のベッドから距離をとって、心地よく聞こえる位置に置く。すると、僕にとっては、歌詞が聞き取れないほどの音量になってしまう。だからときどき、スマホのスピーカーのある面の向きを変えたりしている。

僕らは、よくゲームをして遊ぶ。

昌磨は、ほんとうにゲームが好きで、「やろうよ」と誘ってくれる。やるのはオンラインの対戦型ゲームだ。

昌磨のゲームにかけるエネルギー、情熱はすごい。たぶん、世界でも数パーセントの神の域に入っているんじゃないかと思う。ゲームの大会に出ても、チーム戦でなければ、相当上に行くはずだ。

もう1つ、昌磨が時間を費やすと言えば、なんといっても睡眠だ。気がつけばいつも寝ているし、たくさん寝ても、いつも眠そうだ。フィギュアスケートの練習とゲーム以外は、脳が寝てしまうのかなって思うくらい、スイッチが切れたように眠る。丸1日寝ているときもあるくらいだ。

寝てしまうと、なかなか起きてくれない。

だから、母に起こすように頼まれているときは、困ってしまう。朝、いくら起こしても起きなくて、僕はあきらめて学校へ行ったこともある。

しかも、寝起きは機嫌が悪くて、起こすときには少しどきどきする。

僕から見た昌磨の1日は、スケートの練習、ゲーム、寝る、に3分割されるといってもいいくらいだ。

スケートの練習にはとても一生懸命、でもゲームも同じくらい、一生懸命な気がする。

アニメも、僕も昌磨のどちらも大好きだ。

アニメにはまり始めたきっかけは、先輩スケーターの田中刑事君からの影響だ。昌磨と秋葉原に行ったり、名古屋のアニメショップに行ったりもするくらいだ。

昌磨は、大会のあと、気持ちを引きずらない。

どんな成績や内容であっても、家に帰ってくれば、ふだんと変わりない態度で過ごす。

練習で調子が上がらないときには、「少しどんよりしているな」と感じさせることもあるけれど、機嫌が悪かったり、八つ当たりしたりすることもない。

何もないときは、ひたすら眠っているのと同じように、オンとオフがはっきりしているんだなと思う。

「ゲームやろうよ」

昌磨が誘ってきて、僕らはゲームをして過ごしたりしている。

ゲームやアニメが好きだというだけではなく、僕らには共通する事柄がある。

例えば、どちらも野菜が嫌いだということだ。

「どっちが、野菜が食べられないか」って比べたりする。

昌磨は、3歳までは野菜スティックも大好きで、どんな野菜も食べていたという。

ところが、喘息で入退院を繰り返しているうちに、病院食が合わず野菜が嫌いになっていった。消化を考えて、柔らかく煮込まれた野菜の歯ごたえのなさに、食べられなくなったらしい。そこからは、極度の偏食になっていった。

最近では、お刺身も食べなくなって、母が困っているし、しゃりしゃりした食感も苦手になってきて、例えば、果物の梨みたいなものも駄目みたいだ。

いったい何を食べているのかというと、肉、肉、肉。

朝から焼肉を食べていたりする。ただ最近は、「脂っこいものは無理」になってきたみたいで、朝は、しゃぶしゃぶだったりする。それでも、肉であることには変わりはないけれど。

平昌オリンピックでも朝昼晩、焼肉弁当を食べていたくらい、肉が好きだ。

僕も野菜は苦手だけど、最近はゴマドレッシングが気に入っていて、サラダは食べられる。

ただ、昌磨は、我慢すれば根菜とか口にすることはできる。

練習の調子が悪かったりすると、母が罰を与えるように食卓に野菜ばかり並べるので、昌磨は飲み込むようにそれらを無言で食べている。

半分怒っているみたいな表情で、口に運んでいる。

昌磨は中京大学に通う大学生で、中京大学のスケートリンクで練習している。

練習の後、大学近くの食堂に行ったときにも、練習の出来が悪いと野菜攻めになる。八宝菜、青菜炒め、ホイコーローを母が注文して、それらがテーブルに並ぶ。

母は「体にいい罰だから、よくないですか」とみんなに言っていたりするらしい。

昌磨は、野菜が嫌いなかわりに、甘い物が大好きだ。

特に、ケーキとチョコレート。僕がもらったチョコレートも、あっという間に食べてなくなっている。

昌磨の誕生日は、12月17日。そのあとクリスマス、大晦日、僕の誕生日の1月8日と続く。飽きることなく、そのつどケーキを食べることになる。

クリスマスには、昌磨と僕、そして母は、1人1個ずつホールでケーキを用意する。

昌磨が好きなのは、ガトーショコラ、僕はいちごタルトだ。

僕は、そこまでスイーツを食べるわけではないので、余ることもあるけれど、昌磨と母は、自分のを食べた上に、僕のも食べてしまうので、余ることはない。

フィギュアスケートには、全日本選手権という大切な大会があって、毎年12月下旬に行われるから、大会がクリスマスと重なるときもある。

しかも大会は、国内のいろいろな場所で開催されるので、そのときどきの土地のホテルで、ケーキを食べることになる。

スポーツ選手というと、3食バランスを考えた献立の食事をとっていて、とても神経を使っている、というイメージを持っている方も少なくないかもしれない。

でも昌磨は、そのあたりは無頓着で、食べたいものを食べて過ごしている。

無頓着と言えば、ファッションにもそう。

僕ら兄弟が興味を持てないことの1つだ。

だいたい、昌磨が袖を通すのが最初で、2、3回着て、たたんであるものの中から僕が着る。

靴下も同じものが100足以上、ストックしてある。

それくらいこだわりがなくて、どれでもいいと思っている。

昌磨は、試合のときの衣装も動きやすければいい、練習着でいいと思っていたほど。

ただ最近は、いろいろな飾りのついたきらびやかな衣装を着ることに割り切れるようになってきた。

昌磨は、虫も大嫌いで、一度、僕らの部屋にごきぶりが出たときは大変な騒ぎになった。

昌磨は僕にかかるのもかまわず殺虫剤を噴射しまくって、おかげで僕はえらいめにあった。

母と車に乗っていたときに虫が入ってきたときには、ピンポンみたいに、左右のドアからドアまで逃げまくったらしい。

「そんなに活発な昌磨を見たことがない」

母は驚いたそうだ。

家族は、父母と昌磨と、僕の４人。

母は、いつも元気だ。なのに、「もう長くない長くない」って言うのが口癖になっている。

家の中では、いつも１人で喋っている。喋っている内容がもう頭には入ってこないくらいずっと喋っていて、返事をしないとよく怒られるし、適当に返事をしても怒られる。

母は昌磨に、「私は若いときはスポーツが万能だったのに、何で子どもたちは似なかったんだろう？」と真顔で言っている。ギャグなのかなと僕たちはスルーして聞いているけれど、父や周りの人に聞くとかなりのガチ、本気で言っているらしい。

父は、頭の回転が速い。

頭の回転が速すぎて、考えの速さに、僕はついていけない。父の周りだけ、進む時間が違うように感じるくらいで、あの頭の回転の速さについていけるのは、昌磨だけかもしれない。

勉強で分からないところがあると、すごく的確に返事をしてくれる。

父と昌磨と僕で確率の問題を解いていたとき、母はいないみたいに静かになる。「何喋ってるのか、分かんないー」って、つまらなさそうにしている。

両親は僕のことを、「宇野家の太陽だ」って言ってくれる。

「樹がいないと、みんな枯れちゃうよ」

いつも言う。父いわく、3人は暗いけれど、僕は明るいからだそうだ。

本当にそうかなって思うときも多かったけれど、昌磨も父も母も、いつも僕を必要としてくれているのを、なんとなく感じたりすることもある。

僕はみんなから、本物のアニメオタクだと言われるし、僕もそれなりに認めている。できれば、ずっとアニメの世界に浸っていたいと思う。

でも父も母も、こんな僕に何の規制もしない。

「好きなことをやるだけやって、いろいろ好きにするといいよ」と言ってくれる。

進路にしたって、考えることは大事だけれど今決めることはない、やりたいことをたくさんやって、そこから可能性を見つけていけばいいと言う。

学校の成績にしたって、通知表をまず見ないし、勉強しなさいとも言われない。

僕に対しても、昌磨に対してもそう。こうしなさい、ああした方がいいとは言わない。

そんな中で、昌磨も僕も育ってきた。

そして昌磨は、フィギュアスケートに励んできた。

面白い子、現る

昌磨がフィギュアスケートを始めたのは、5歳のときだ。

父と母は、テニス、サッカーなどいろいろなスポーツやダンスなどの体験をさせていた。そして、スケートリンクにも連れて行ってもらった。

そのリンクは、名古屋スポーツセンター。

フィギュアスケートの世界では大須スケートリンクという呼び方で知られている。たくさんの選手が育ち、たくさんのスケートが好きな人たちでにぎわうところだ。

最初は、遊びの感覚でスケートを始めて、やがてフィギュアスケートに取り組むようになった。

フィギュアスケートを始めると、母がリンクに送り迎えをした。昌磨がスケートを練習に行くとき、僕もリンクへと通ったそうだ。赤ちゃんのときは、ベビーカーに乗せられて、連れて行ってもらっていた。

自分で歩いたりできるようになると、ものおじすることがなかったらしく、僕がトイレに行って、見知らぬ方に「おばちゃん、ボタンやって」とか言っていたらしい。

さらには、勝手にピザの宅配を注文して、受付の人に「ピザが来るからお金を払ってください」と現金を渡し、届いたLサイズのピザを1人で食べたこともあった。

そんな具合だったから、リンクにいるみんなに面倒を見てもらった。リンクで育てられたようなものだ。

もう少し大きくなると、僕もスケートを始めた。

フィギュアスケートをしたこともあったけれど、お世話になっていたスタッフの方々がアイスホッケーの人たちだったせいか、アイスホッケーを選んだ。

中学に進学すると、部活の1つとしてあったグラウンドホッケーに興味を持ち、そちらに取り組むことになった。

毎日リンクに通い、練習に励んでいた昌磨を、父は、あくまでも習い事の1つだと思っていたという。

でも、父の見方は、時間をかけて、少しずつ変わっていった。

そのはじめは、小学3年生のときに野辺山で行われた合宿に参加したことだった。

フィギュアスケートは、年齢によって区分があり、9歳から12歳はノービスというカテゴリーになる。ノービスは、さらに2つに分かれていて、9歳から10歳のノービスB、11歳から12歳のノービスAがある。

しかも、フィギュアスケートは「7月1日に達している年齢」で決まる。だから小学3年生の場合、7月1日に9歳になっていればノービスB、達していなければ、翌年にノービスBになる。もっと年齢が上がるとジュニア、さらに上がるとシニアになる。上手な選手は、年齢のカテゴリーを超えて、上のレベルの大会に出ることも珍しくない。

その野辺山合宿は、ノービスのカテゴリーの子どもたちを対象にしていた。

昌磨は12月生まれだったから、小学3年生のそのときはノービスになっていなかったけれど、参加させてもらえることになった。

この野辺山合宿で、昌磨は、母も含め、みんなを驚かせたらしい。野辺山は、長野県にある。高地だから酸素が薄いところだ。合宿中、陸上で500メートル走とかをやると、昌磨は、びり、みたいな感じでぜんぜんできなかった。

ところが、リンクに上がったとたん、豹変した。

この合宿には、母もついていったけれど、日本スケート連盟の人たちに言われたという。

「面白い子が出てきたね。スケーティングがすごい伸びる。これは天性だよね」

ジャンプは、シングル（1回転程度）が入っている程度のプログラムだったけれど、滑りと魅せる力が、見守る人たちに驚きを与えたのだった。

母は、実は、昌磨は上手なんじゃないかと、ひそかに思っていたそうだ。

でも、ほんとうにそうなのか、どれくらいのレベルなのか、実感を持つことはできなかった。


というのも、当時、大須スケートリンクで練習している中には、あの浅田真央ちゃん、ソチオリンピックに出場したのをはじめ国際大会で活躍した村上佳菜子ちゃんがいたし、ソルトレイクシティオリンピックに出た恩田美栄さん、世界選手権などに出場した中野友加里さんたちもいた。

日本代表として活躍していた、あるいはのちに活躍することになる、そうそうたる人たちがそろっていたわけだ。

だから、野辺山で連盟の人たちにほめられて、初めて、「あ、昌磨って上手なんだ、いいんだ」と思えた。

ほめられただけではなかった。

シードをしてもらうことで、そのシーズン、年齢はまだ満たないけれど、ブロック大会にも出られることになった。

「昌磨にとっても、自信になったときだったんじゃないか」と、母は言う。

この野辺山合宿のとき、母は喜びのあまり、父に電話をしたそうだ。

「誰か亡くなったんじゃないか、というくらいの勢いだった」

父は、笑う。

フィギュアスケーターとしての未来の第一歩を記した野辺山合宿

では、余談だけど、まったく別のことでも、伝説を生み出した。

野辺山合宿が終わって、帰るときのこと。

連盟の人が、「忘れ物です」と黒いごみ袋を2つ持ってきた。

母は、どれが昌磨の忘れ物だろうと、片方の袋をあけると、「それ全部です」。

もう片方も、「そっちも全部です」。

スニーカー、バレエの衣装、試合のコスチューム、スケート靴を除き、すべてを置いて部屋を出ていたのだ。

「ご飯を食べたあと、片付けする時間がなかったから」

昌磨は言ったそうだけど、置いていっても、まとめてもらえると思っていたんじゃないか。

きっと、確信犯だったんじゃないかと思う。

野辺山合宿のあったシーズンが開幕すると、昌磨は、中部選手権のノービスBに参加して優勝する。そして全日本選手権のノービス

Bにも出場して、4位になった。

小学4年生のときは、全日本ノービス選手権も含めて、ノービスBの大会はすべて優勝。

小学5年生のシーズンは、出場したすべての大会で優勝を果たし、小学6年生のときには、初めて全日本ジュニア選手権に出場することになった。

全日本ジュニア選手権は、大学1年生の人まで参加する大会だ。だから、家族は大会を前に、「何とかショートプログラムを通過して、フリーに進んでくれたら」くらいな感覚でいたらしい。

出場選手30人のうち、フリーに行けるのが24位まで。

つまり6人は、ショートプログラムでカットされてしまう仕組みだった。昌磨は、通過できるかどうか、ぎりぎりのラインだと、みんなは考えていた。

大会が行われる会場は、新横浜スケートセンター。

だからショートプログラムで終わってしまうことを想定して、家族をはじめ、応援に行くみんなで、ディズニーランドに行く計画も立てていたくらいだった。

ところが試合が始まると、みんなの予想は大きく覆されることになった。

ショートプログラムは1つもミスをしないで、4位で終えてフリーに進む。

するとフリーでも、ノーミスの演技を披露し、終わってみれば3位、表彰台に上がってしまったのだ。

父も「フィギュアスケートで行けるんじゃないか」と思えたときだったという。


父がそう思うのには、根拠があった。

例えば夏のスポーツだと、高校や大学で競技を始めて日本代表になったりする選手がいる。

でも、フィギュアスケートの場合、のちに全国大会や国際大会で活躍する選手は、全員、小さな頃からスケートをしていて、中学や高校から始めて、そうなる選手はいない。

当時の日本男子の状況を考えれば、昌磨は行ける。そう考えたのだという。

面白いことに、会社に勤めている人にそういう話をしても「絶対にうまくいかない」と言われ、自営業の人に話すと「お、そうだね」と乗り気だったそうだ。

練習の鬼

昌磨は、とても我慢強い子どもだったそうだ。
まだ、2歳くらいの頃の話だ。
当時、母は美容室をやっていて、昌磨がお店にいることもあった。
それで、どうしてもかみそりの入っている棚に触りたかったらしい。
だから、母が見ていない隙にかみそりに触れて、かみそりで指を切ってしまった。
すごく血が出て、ぼとぼとと床にたれるくらいの切り方だった。
お店の人が血に気づいて、「指が落ちている！」って悲鳴をあげるくらいすごかった。

なのに昌磨は、怒られるのが嫌で、手を後ろに隠して、お店の人が気づくまで泣くこともなく、じっと我慢していたのだという。

あるいは、やはり2歳の頃の話。

昌磨は、だるまストーブに興味があって、どうしてもこらえられず、触れたそうだ。

そのときは、「じゅうっ」て焼けるにおいで、母が気づいた。

でも、昌磨は泣かない。

怒られるのは分かっていても、好奇心が勝ってやってしまう。

痛くても、怒られたくないから、泣き声ひとつあげずに我慢するのが昌磨だったそうだ。

幼稚園に通っているときも、どんなに嫌なことがあっても、顔に出すことはなかったという。

僕は対照的に、「足痛い、こっちが」と、おおげさに言うタイプだったらしい。

そんな我慢強い昌磨が、どうにも我慢できなくて、そしていちばん嫌いなのは、練習ができないことなのかもしれない。

２０１１年から２０１２年にかけてのシーズンのことだ。

このシーズンは、昌磨が初めてジュニアグランプリシリーズに参加した年だ。

ジュニアのカテゴリーの選手たちによる国際大会で、世界の各地で開催される。その成績の上位６名は、ジュニアグランプリファイナルという大会に出場できる。

昌磨は、それまでにも海外の大会に出場することはあった。

でも、それらよりもレベルが高い、重要な大会に参加できることは、昌磨がまた階段を上がったことを意味していた。

そんな大切な大会を控えるシーズンを前にした春先、昌磨は、足に疲労骨折の怪我を負った。

それでも、昌磨は痛みに耐えながら練習を続けていた。ジュニアグランプリの意味は、昌磨も分かっていたし、そのための選考会もあったので、休みたくなかったのだと思う。

痛みは引かなかったけれど、選考会にも参加し、怪我していたからジャンプを跳ばずに演技をして、無事、ジュニアグランプリに出られることが決まった。

もちろん、怪我を抱えて滑り続けているわけだから、治るわけもないのだけど、昌磨は何度も「レントゲンを撮ってください」とお医者さんにお願いをした。

本当なら、あまりひんぱんに撮っていいわけではなかったけれど、少しでもよくなっている兆しがほしかった。

当然、レントゲン撮影のたびに出てくる結果は、昌磨の望むものではなかった。

炎症が、どんどん広がっていっているのが分かるばかりだった。

ついにお医者さんから、「絶対にリンクに上がってはいけない」

と申し渡され、昌磨はしかたなく、練習を休むことになった。

そんな、ある日の夜中のことだ。

寝ていたはずの昌磨は、突然起き上がると、家の中を歩き始めた。

髪の毛を両手でむしると、部屋の壁をたたきながら叫んだ。

「ジャンプを跳んでいいボタンはどこ？　ボタンは、どこ？」

何度も叫びながら、壁を叩き続けた。

その姿に、母は涙した。

僕も、知らぬ間に涙がこぼれていた。

「練習ができないのが、こんなに苦しいことなのか」、そう思った。

痛みは我慢できても、練習できないことが昌磨には、我慢ならなかった。

いつになったら、練習ができるのか、どうしたら、練習を再開することができるのか。

希望を求めて、いくつもの病院をまわった。

でも、どの病院に行っても、先生に言われることは同じだった。

「頭が、おかしいんじゃないですか」

ある病院で、母はこう言われたこともあったという。

「お母さんは、子どもが大事じゃないんですか」

でも、昌磨自身が、滑りたい、練習したいと思っていたのだ。

昌磨は、病院から駄目出しされるたびに「もう、あそこの病院には行かない」と、しょんぼりと帰る日々だった。


光が見えたのは、3週間後だった。

転々と病院をまわるうち、今までとはまったく違う話をしてくれる先生がいた。

「1日10分だけだったら、滑っていいですよ」

その、わずか10分という時間が昌磨を救うことになった。

「腫れたら、練習をやめる」

先生と交わした約束のもと、昌磨はリンクでの練習を再開した。

その10分間が、すさまじかった。

ふつうのスケーターの1時間くらいの練習量なんじゃないかと思うほど、密度が濃かった。

ジャンプは7種類あるけれど、7本のジャンプを、1分で全部跳ぶという練習を始めたのだ。

「僕、まだ跳べる」

練習を終えた昌磨は、笑顔だった。

たった10分間ではあっても、練習することで足にかかる負担は大きいから、治るまでにはよけいに時間がかかった。

結局治るまでには数カ月が必要だった。

もちろん、完全にスケートを禁止した方が治るのは早かったのだと思う。そこから考えれば、スケートをしたことで、無駄に時間を費やしたと見ることはできるかもしれない。

でも思う。滑らないままの日々、練習できない時間が続いていたら、昌磨のストレスはもっともっと大きくなって、心が壊れていたんじゃないだろうか。

お医者さんは、そこまで感じ取ってくれて、その上でバランスを懸命に考えつつ、10分間という練習時間を提案してくれたのだったと思う。

その先生、愛知県スケート連盟副会長で、名古屋市スケート協会の会長もされている井戸田仁先生には、今も、ことあるごとにお世話になっている。

昌磨の選手生活を支えてくれている方の1人だ。

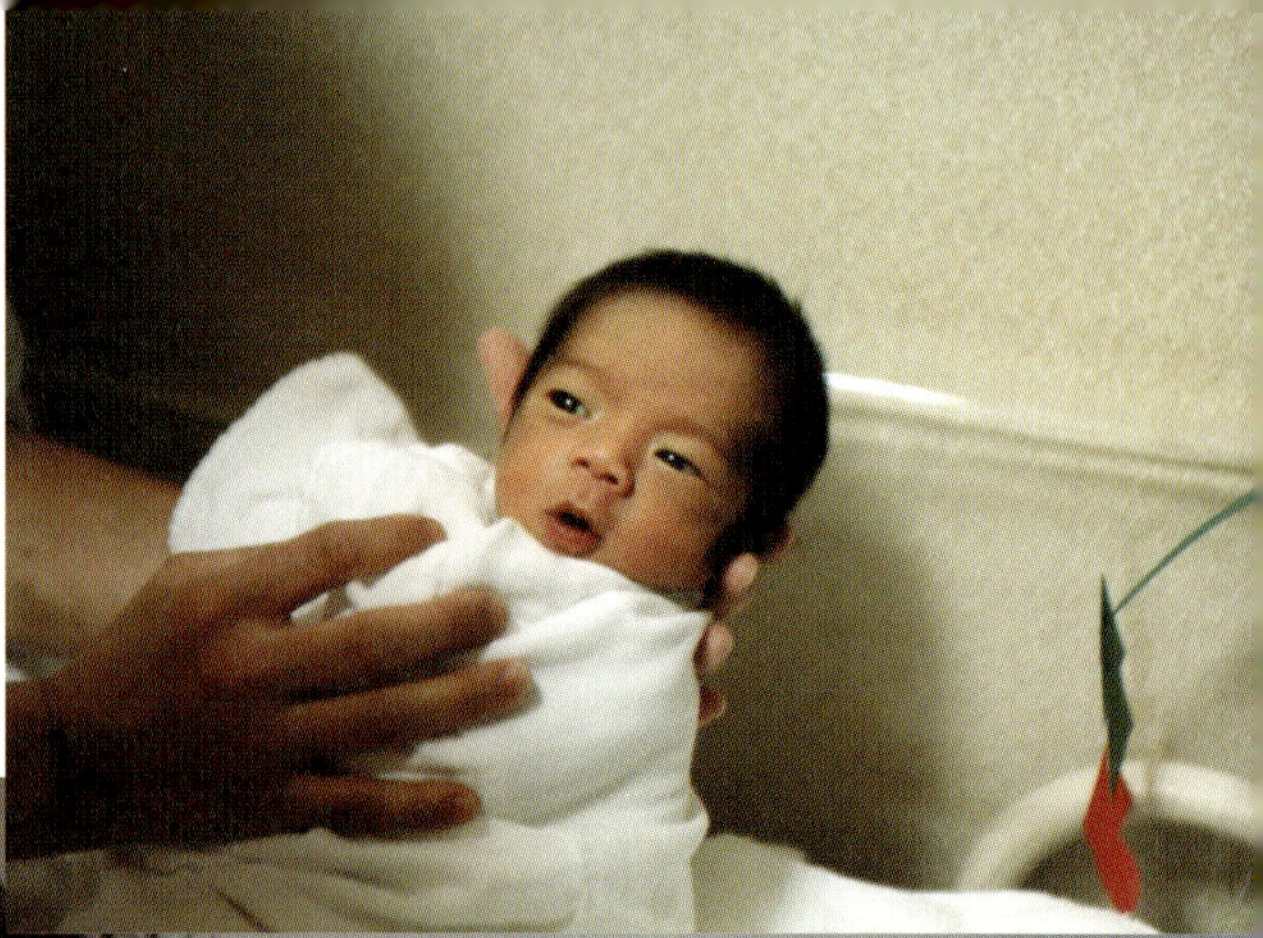

'98 5 17

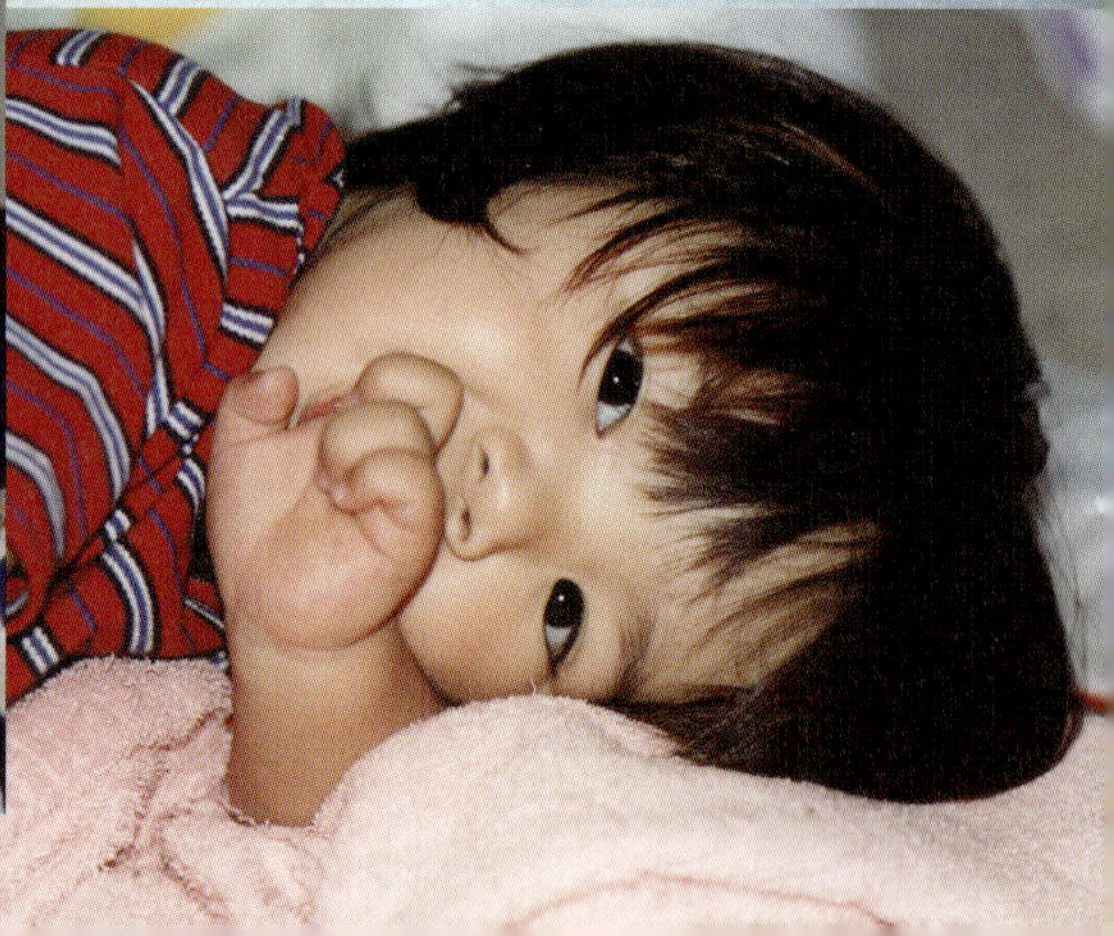

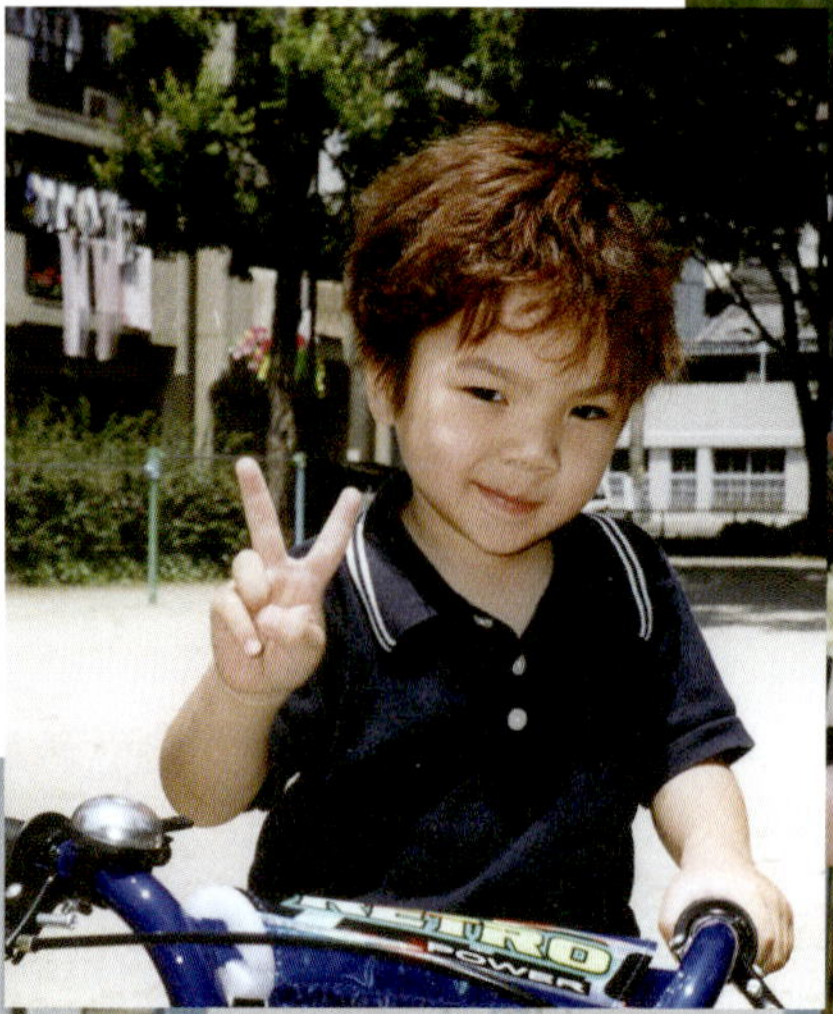

Nike

BABY
ROCKA
BILLY'S
BABY
ROCKA
BILLY'S

賞状

浅田真央ちゃん

昌磨のスケート人生には、たくさんの人がかかわっていて、支えてくれたり、刺激や影響を与えてくれたと、あらためて思う。

中でも、浅田真央ちゃんは、ほんとうに大きな存在かもしれない。

昌磨が、大須スケートリンクのスクールでスケートをしているうちに、やがてどの競技に進むのか、コースを選ぶときが来た。

フィギュアスケートとアイスホッケー、スピードスケートがあった。

両親の間では、アイスホッケーか、両親ともに足が速かったから、スピードスケートがいいんじゃないか、と話していたらしい。

でも、昌磨が選んだのは、フィギュアスケートだった。

選ぶきっかけは、その頃は昌磨と同じく大須スケートリンクで滑っていた、真央ちゃんのひとことにあった。

「フィギュアスケートをしようよ」

当時、フィギュアスケートは、今みたいに大きな注目を集める競技ではなかったから、テレビで大会がこんなに放送されてはいなかったし、ニュースや新聞で取り上げられる機会も、そう多くはなかった。

そんな時代だったから、父も母も、フィギュアスケートを観たことがなかったそうだ。

新聞の記事で、トリプルアクセルを女子では初めてアンベールビルオリンピックで成功させ、銀メダルを獲得するなど大活躍をした伊藤みどりさんの名前を知るくらいだったらしい。

しかも当時は、フィギュアスケートと言えば、どうしても男子より女子がやるスポーツというイメージがあった。

だからなおさら、昌磨がフィギュアスケートをやるイメージは、浮かびにくかったかもしれない。

それでも両親は、昌磨がフィギュアスケートへと進むことを認めた。

昌磨は小さな頃から、ダンスやテニス、サッカー、いろいろなことをしていたけれど、フィギュアスケートだけは、昌磨自身が「やりたい、やりたい」と言ったからだった。

その気持ちを、両親は尊重したのだ。

もちろん、本人の意思には、真央ちゃんの言葉も大きく響いていたのだろうと思う。

真央ちゃんは、昌磨だけじゃなく、僕のことも、とてもかわいがってくれていたそうだ。

真央ちゃんは練習が終わると、ベビーカーに乗っている僕を抱きかかえてくれるのが日常だった。

もう少し大きくなった頃には、僕は覚えていないけれど、こんなやりとりもあったそうだ。

真央ちゃんが「樹、遊ぼうよ」と誘ってくれたとき、僕は「忙しいから無理」と断ったのだという。

両親は、「真央ちゃんの誘いを断るなんて」と、びっくりしたという。

そんな僕だったけれど、真央ちゃんの優しさは変わらなかった。

そして真央ちゃんだけでなく、姉の舞ちゃんも、僕のことをとてもかわいがってくれた。

僕の2歳と3歳の誕生日のときは、姉の舞ちゃんと一緒に、僕たちの家にお祝いに来てくれた。

その翌年、僕の4歳の誕生日のときには、真央ちゃんと舞ちゃんは練習拠点を移し、ロサンゼルス郊外に移っていた。

だから、僕たちが家族で当地へと向かった。

その何日かの間の話なのだけれど、真央ちゃんたちがリンクで練習していたら、遅い時間になってしまった日があった。

真央ちゃんが「家に来て、ご飯を食べていって」と誘ってくれたので、真央ちゃんたちの家におじゃますることになった。

そして真央ちゃんは、僕らのために手料理をふるまってくれた。

それからも、真央ちゃんには、何度も会ってきた。

出会った頃、僕は赤ちゃんだったので、今も赤ちゃんのときのままの接し方で、会うたびに、「樹、大きくなったね」と話しかけてくれる。


真央ちゃんの誘いを断った件に限らず、僕は、思ったことをそのまま言ってしまうようだ。

村上佳菜子ちゃんとの間にも、こんな話がある。

中学生の頃、ホッケー部が全国大会に出場することになった。

そのとき、モチベーションをあげるため、部に向けて、村上佳菜子ちゃんに、動画で応援メッセージをいただくことになった。

これも、覚えている話ではなかったのだけど、お願いをするとき、僕は、こう言ったそうだ。

「ほんとうは、真央ちゃんがいいんだけど」

「樹だから許すけど」

佳菜子ちゃんは、笑って返したという。

真央ちゃんも佳菜子ちゃんも、僕が赤ん坊の頃に出会っていて、そのときの感覚が残っているから、許してくれるのかもしれない。


昌磨をフィギュアスケートに誘い、僕にも優しかった真央ちゃんは、リンクの中でこそ、昌磨に影響を与えた人だった。

母いわく、真央ちゃんは、練習量もすごかったけれど、何よりも強く心に残っているのは、人に対していやな顔1つしないことだったと言う。

当時、真央ちゃんや昌磨が練習していた大須スケートリンクは、たくさんの人が利用していて、とても混んでいる時間帯が多かった。だからジャンプを跳びたいと思っても、思うようにできないことも珍しくはなかった。

　例えば、真央ちゃんが4回転ループの練習をしていたときのこと。100人くらいの人がリンクにいて、なかなか跳ぶことができない、それでもいやな顔せずに、一生懸命練習に取り組んでいた。

　中には、舌打ちをする子もいたけれど、真央ちゃんは悲しい顔をすることはあっても、一度も、舌打ちするようなことはなかったのだと母は言う。

　練習でうまくいかないと、氷を蹴ったりする子も多かったし、男の子の中には、調子が悪かったり、ほかのスケーターがじゃまになると、リンクを覆うアクリル板を、がーん、と殴る子もいたそうだ。

　それを見て、昌磨は、母にこう言ったという。

「僕は、絶対にあんなことはやらない」

　昌磨は、氷を一度も蹴ったことがない。

マナーも、きちんとしている。

きっと、真央ちゃんというお手本があったことも、大きかったと思う。


昌磨は、少しでも長く練習したかったから、午前中からリンクに行ける日は、いつも一番乗りをしようと、午前10時のオープンの前、9時半頃には受付の前に並んだ。

その列の先頭にいて、待っている間に靴を履いて準備をして、10時になったとたん、リンクにまっしぐらに向かうのが常だった。

元旦も、やっぱり「今年1番の氷に乗ろう」としてリンクに向かい、オープンするのを待っていた。

1番乗りを狙うのは、昌磨だけではなかった。

争う相手は、真央ちゃんと村上佳菜子ちゃん。3人で毎年戦っていたらしい。

3人で競っていたことも、きっと楽しかったんだと思う。

昌磨が一生懸命練習したのは、真央ちゃんや佳菜子ちゃん、さらに日本代表として活躍する選手の人たちがいた環境も、大きかったんじゃないだろうか。

そしてある時期から、昌磨の練習への取り組みは変化したと母は振り返る。

フィギュアスケートには、級がある。昌磨は初級をとった頃までは、ふつうに遊んだりもしていたという。

でも1級の試験を受けるとき、「こんなんじゃだめだ」と思ったそうだ。

というのも、どうしても子どもの頃は、女の子の成長が早い。スケートでも、上達は女の子が早くなる。

頑張らないとついていけない、置いていかれると感じて、そこからほんとうに頑張ってきたのだと言う。

「昌磨は、人に恵まれてきた」

母は言う。

昌磨も、あるインタビューで「僕は、まわりに恵まれているんです」と答えたそうだ。

真央ちゃん、佳菜子ちゃんだけじゃなく、子どもの頃、とても大切な人に出会った。

山田満知子先生と樋口美穂子先生だ。

昌磨がずっとフィギュアスケートを教わってきた2人のコーチで、2人で同じクラブで教えている先生方だ。

山田満知子先生のことを知らない人は、スケート界にはいない。伊藤みどりさんをはじめ、真央ちゃんと佳菜子ちゃん、たくさんの選手を育ててきた方だ。

満知子先生は、昌磨を見たとき、こう思ったそうだ。

「上手い下手は別として、品があるから育ててみたい」

美穂子先生が、昌磨を初めて見たときには、クラブのアシスタントの人に伝えたという。

「声をかけてきて」

ひと目見て、クラブに入れたいと思ったのだという。

でも、それは才能があるからとかそういったことではなく、かわいいから育てたい、というような思いだったそうだ。

「この子が、ここまで伸びるとは思わなかった」

振り返って、そう語っているのだという。

満知子先生は、僕によく話しかけてくれる。

最近どう？

今、どういうことやっているの？

今、どんなゲームしているの？

そんなことを、よく聞かれる。

美穂子先生もそう。会えば、よく話しかけてくれる。

美穂子先生は、昌磨のプログラムの振り付けをずっとしてきた振り付けの先生でもある。

先生と昌磨を見ていると、家族のようにも感じられる。

母は、家族でも割って入ることのできない信頼関係がある、と2人を表す。

満知子先生、美穂子先生、2人の先生は、昌磨に限らず、どの選手にも愛情をたくさんくれる先生だと母は言う。

例えば満知子先生は、練習でもよい出来だと、ファンの人みたいに喜んでくれる。昌磨は、満知子先生が観ているだけで、練習を頑張ろうと思えるそうだ。

昌磨は先生たちに反抗的な態度をとったり反発したことは一度もないし、喧嘩したこともない。

そんな先生たちに応えようと、昌磨は一生懸命練習してきた。

そして、こう語ってきた。

「得点が出なくても、ほかの先生に変わることはありえない。先生のことを、自分が世界に認めさせる」

「美穂子先生の振り付けが、世界で通用することを証明する」

「満知子先生に、男の子も育てたという勲章を渡したい」

お世話になった先生方に恩返しをしたいという思いもまた、昌磨のフィギュアスケートへのモチベーションになっている。

自然体

実は僕は、正直に言えば、あまりフィギュアスケートを観ることはない。

昌磨の出る大会に行く機会も多いけれど、演技の直前に行われる6分間練習のうちに眠ってしまって、昌磨の演技は見ずに終わってしまうことが多い。

だから、昌磨に対しては、スケーターとしてというより、ゲーム仲間みたいな感覚の方が強いかもしれない。

それでも振り返れば、昌磨がスケートの選手であることを意識した行動を、僕自身とっていたりした。

大会の会場へと向かう途中、昌磨と母、僕で歩いていると、昌磨が危なくないようにと思って、僕は車道側を歩いたりした。溝があるのを見つけると、昌磨がひっかかるといけないから、と不意にさえぎったりする。

はたから見ていると、ふらふらと歩いているみたいだから、「どうしたの？」と母に聞かれたこともある。

わけを説明すると「樹も危ないよ」と母に言われたので、「僕はしっかりしているけれど、昌磨は、ぼーっとしているから」と返したことがあった。

そんな行動をとったのは、特に強く意識してのことではなく、ごく自然なことだったと自分では思う。

僕は、国内の大会だけでなく、海外の大会に行くことも多い。ついて行くようになったきっかけは、僕が英語を話せるから、昌磨と母にとって心強い、という理由だった。

行った先では、母と僕とでホテルの部屋を予約しているけれど、僕は昌磨の部屋で過ごすのが恒例だ。

昌磨が会場の練習や試合から戻ってくると、ゲームをしたり、ふだんと同じように、2人で時間を過ごす。

以前は「今日はここまでね」と昌磨に言われて、母の泊まる部屋へと帰されたものだけれど、最近は、ほんとうにずっといて、そのまま泊まったりする。

美穂子先生も、「樹がいる方がいい。昌磨に必要だね」と言っているそうだ。僕といると、昌磨が穏やかでいられるからだという。

昌磨が1人で部屋で過ごしていると、夜、どうしても不安に駆られて、マイナス思考に陥ったりするらしい。

僕が一緒にいることで、その隙を与えないし、僕といつものように過ごすことで、ぴりぴりしなくなる。

実際、部屋で過ごしているときの昌磨は、いつもとまったく変わらない。ゲームをしたりして、会話をしなくても、お互いに気になることはない。

僕は「昌磨は、何時に部屋に戻ってくるかなあ。ゲーム、いつかできるだろう」みたいなことしか考えてない。

調子はどうだろう、試合ではどんな演技ができるだろうなんて、フィギュアスケートのことを考えたりはしない。

それくらいフィギュアスケートに、昌磨の演技に強い関心を抱いていないから、昌磨にとって、気楽な相手なのかもしれない。

もちろん、どんな大会でもついていっているわけではなくて、都合があって行けないことだってある。

僕が行かなかった大会で、大変なことになっていたことがあったのを、後から聞いた。

それは2016年、アメリカ東部のボストンで行われた世界選手権だ。このとき僕は留学していてアメリカの西部にいたので、大会に行くことはできなかった。

この大会で、昌磨は7位という結果に終わった。

ショートプログラムは4位という位置につけたのだけど、フリーでミスが相次いだため、順位を落として、試合を終えることになった。

試合のあと、昌磨は、とんでもなく落ち込んだそうだ。

「もう、僕は何をやっても駄目なんだ、駄目なんだ」

このシーズンは、昌磨がシニアに上がって最初の年だった。そこで、出場権をつかむことができた初めての世界選手権だった。

大会に向けて、強い意気込みがあったんだと思う。

昌磨は、これ以上ないというくらい、しっかり練習を積んで臨んだ。練習だけではなかった。生活態度も改めて、いわゆるきちんとした生活を送るようにしていた。

「やるべきことは、やった」と言えるくらいの準備をして、大会を迎えたはずだった。

なのに、とてもじゃないけれど、満足というのは程遠い演技しかできなかったから、「こんなにやったのに」、と心の底からがっくり来たのだと思う。

あまりにもひどい落ち込み方に、美穂子先生と母は「目を離せない……」と、心配するくらいだった。

重苦しい雰囲気の中、みんなで集まってミーティングが行われていたときだった。

1通のLINEのメッセージが、母のスマホに届いた。


「楽しいよ」


それは、留学先から1週間ぶりに僕が送ったメッセージだった。

1週間、何の音沙汰もなかったのに、兄の状況も知らずに送った、絶妙なタイミングと内容のメッセージだった。

「樹らしいね」

みんな、笑ったという。

それがきっかけになったのかは分からないけれど、昌磨は気持ちを取り戻していき、次へと進んでいった。

僕は、大会でそんなことになっていたとあとで聞かされて、とても驚くことになった。


大会のあと、昌磨に変化が起きた。

ふだんも、そしてどんな大会の前でも、自然体で過ごすようになったことだ。

生活面からきちんとして、練習もめいっぱい頑張って、あらゆる面で備えて臨んだ大会だったのにいい滑りができなくて、特別な準備をすることに意味がないと悟ったらしい。

それからは食べたいときに食べ、眠りたいときに眠るようになっていった。


その方が、昌磨らしかった。

負けず嫌い

父が、昌磨の中学生の頃の話をしてくれた。

その頃、父と昌磨と僕とで、ゴルフをしていた。

あるとき、父は昌磨をコースに連れて行ったことがある。そのときの昌磨のスコアは、120くらいだった。

その次のとき、打ちっぱなしに連れて行くと、昌磨はアプローチの練習ばかりしたそうだ。ふつうなら、ドライバーとか長いのを打つものだし、僕もドライバーなのに、昌磨は違った。

そのとき、父は感じたという。

アプローチショットが、スコアにいちばん影響する。

昌磨はそれを知り、スコアをよくすることを考えてやっている。

ゴルフを始めたばかりなのに、気づいている。

フィギュアスケートでも、きっと同じなんだろう。

そう思って、安心したそうだ。


ゴルフのこの話に限らず、昌磨は、とても負けず嫌いだ。

どんなことでもそうで、最初は下手でも、向上することだけを考えて、そのための努力をしていける。

例えば、将棋でもそう。

もともとは僕が圧倒的に強かったのに、ある日やったら、驚くほど強くなっていて驚いた。

僕に負けたのが悔しくて、将棋の本を読んだり、アプリを使ったり、かなり勉強していたらしい。

野球も、いつのまにか、上達していた。

「あ、かなり、投げまくっているんだな」と感じるくらい、ボールを投げるのに慣れて上手くなっていた。

将棋にしても、野球にしても、僕の前では決して努力している姿は見せない。こっそりと積み重ねておいて、いつのまにか力をつけているのが昌磨だ。

僕はどちらかというと、というよりも、はっきり言って、こつこつ努力をするのが苦手で、その場でなんとかなる、なんとかしようと思うタイプだ。

ホッケーでもそう。練習ではしたことのないプレーでも、試合の中でのひらめきで試したりする。

母から聞いたところによると、自分で言うのもなんだけど、さまざまな面で才能があるとほめられるらしい。

昌磨が塾に入るためのテストに行ったとき、4歳違いだったけれど僕もテストを受けると、「この子、うちに入れてください」と塾の先生に言われたそうだ。

サッカーを始めたときはコーチに「日本代表にします」と言われ

た。

そのとき母は、こう答えた。

「3カ月待ってください、3カ月後にその言葉を聞いたら、私も本気になります」

結局、3カ月後に声をかけられることはなかった。母は、僕が努力をしないから、最初だけいいのを知っていたから、コーチにそう答えたのだった。

なんでもこつこつと積み重ねられる昌磨とは、ほんとうに対照的なのだ。

感覚派と努力派。そんな具合だ。

昌磨の負けず嫌いは、もちろん、フィギュアスケートでこそ発揮される。

大きくなってからは、そこまでではなくなったけれど、練習でうまくいかないと、大声で泣きながらリンクで練習していた。

佳菜子ちゃんもまた、大きな声で泣いているのは珍しくなかった。

佳菜子ちゃんが遠慮なく泣くから、昌磨も悔しいときには思いっきり泣けたのかもしれない。

リンクのあっちとこっちで泣いているさまに、「なんて、うちはうるさいクラブなんだろう」と、先生は言った。

昌磨の負けず嫌いで思い返すと、アクセルジャンプが浮かんでくる。

フィギュアスケートのさまざまなジャンプの中で、昌磨はアクセルジャンプを苦手にしていた。

トリプルアクセルだけじゃなく、シングルもダブルも習得するのに、とても時間がかかった。

ダブルアクセルのときには、僕も練習のお手伝いをした。

リンクから帰宅すると、昌磨は「ちょっと外を走ってくる」と言って出かけた。

そんなとき、「樹、一緒に走ろうよ」と誘われ、母も1人では危ないからと、僕を同行させた。

家を出た昌磨が何をするのかと言えば、公園の砂場での、アクセルジャンプの練習だった。

なんで砂場を選んだかというと、下が硬いと怪我をするからだった。砂場で何度もチャレンジしては転んで、帰る頃には砂と枯葉まみれになった。帰宅すると、「どうしたの?」と母が驚いていたくらいだ。

どうにかダブルアクセルを習得して、トリプルアクセルに成功するまでには、5年もかかった。

それくらい苦手にしていたけれど、時間がかかっても練習し続けたから、身につけられたんだと思う。

負けず嫌いな昌磨だから、失敗すれば、なおさら悔しさも増す。

それを跳ね返そうと、懸命に努力する。

初めての全日本ジュニア選手権で3位になった次の年は、4位にとどまった。

回転不足と判断されたジャンプが多く、そのため得点が伸び悩んだためだった。

昌磨は、いくつものジャンプが回転不足とジャッジされた自分の演技が悔しくて、ものすごく泣いたという。

そこから昌磨は、鬼のように練習した。

足が立たなくなり、氷上から這って降りるくらいだった。

そんな努力の積み重ねで、のちに世界ジュニア選手権に出られるようになった。

昌磨が、とことん落ち込んだ２０１６年の世界選手権も、そうだ。

昌磨は、帰国すると、休息をとることもなく、すぐ練習を再開した。

数日が過ぎた頃、昌磨が一歩飛躍を遂げる日が来た。

練習中、気分転換も兼ねてふと試してみた４回転フリップに成功したのだ。

そして、４月に行われたチームチャレンジカップという大会でも、成功させた。

4回転フリップは、それまで国際スケート連盟の公式競技大会では、誰も成功したことがなかった。

そんな難度の高いジャンプの、昌磨は世界初の成功者となった。ギネス世界記録にも認定され、2016年10月に授与式も行われた。

まさか家族からギネスに認定される人が出るとは思いもよらなかった。

4回転フリップを跳ぶきっかけとなったのは、世界選手権の挫折があったからじゃなかっただろうか。

全日本ジュニア選手権もそうだし、ものすごく悔しがって落ち込んだ経験をばねにしてきたんだな、と思う。

やっぱり、アスリートなんだなと思う。


負けず嫌いの昌磨だけど、僕と違うのは、「何が、いちばん悔しいのか」というところにある。

例えば、内容と結果、どちらを重視するかという点だ。

僕の場合、結果が大切だと思う。

今打ち込んでいるホッケーでも、プレーの中身よりも、まずは試合に勝つことが大切だと思っている。

昌磨は違う。

もちろん、よい成績が残せなければ悔しいと思うけれど、それよりも、内容を大事にしているように感じる。

昌磨は、試合ごとに課題を掲げて臨んでいるそうだ。

この試合だったら、これができるようにしよう、ここの大会は、こういう演技ができるようにしよう、と。

それをクリアできたかどうかが重要で、成績は、それについてくるものだと考えているようだ。

昨シーズンの場合だと、グランプリファイナルが終わったあとは、とても喜んでいた。達成感があって、「すごい楽しめた、わくわくした」と言っていたそうだ。

でも、そのすぐあとに行われた全日本選手権では、とても悔しがっていたという。

結果だけ見れば、グランプリファイナルでは、ネイサン・チェン選手が優勝し、昌磨は2位。全日本選手権は、羽生結弦選手がいなかったとはいえ優勝。

それでも自分が課題としてきたことが、できたかどうかが最優先なのが、昌磨の価値観だ。

個人競技のフィギュアスケートと、チーム競技で直接相手と戦うホッケーという違いもあるかもしれないけれど、すごく練習する昌磨は「本番でうまくできなかったら、どうしよう」と考えることが多くて、あまり練習しない僕は、「できそうな気がする」って考える。

なんだか不思議だ。

UNIVERSAL STUDIOS
JAPAN

TAXI FARE

YAMAHA

氷
氷

Love

2010.5.23
HCO

Shoma
1
Ituki
12

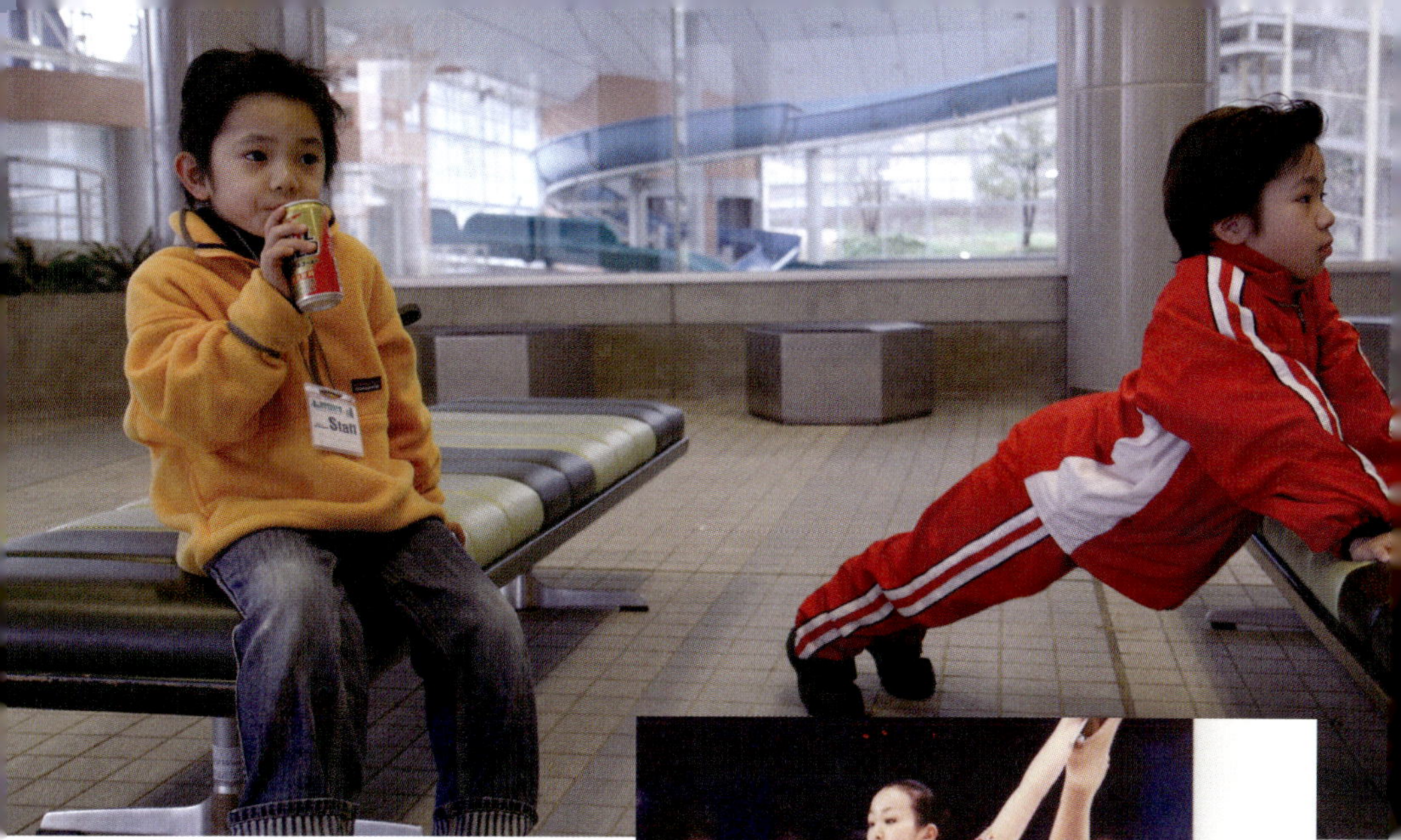

兵衛

トヨタホーム リンク

トヨタホーム リンク
2009.11.21 → 2010.2.14

DIESEL-ONLY-THE-BRAVE-DIESEL

DΦE SΣ
B

DIESEL
BRAVE

-DIESEL-
-ONLY-THE-

音をとらえる感性

昌磨は、歌うのも上手じゃないし、楽器もぜんぜん弾けない。

指の動きも不器用なので、ピアノとかは、絶対に無理だと思う。

でも、リンクで音を聞きだすと、踊りだす。

小さな頃の話だ。

クラブの十何人の子どもたちで、リンクの貸切りをすると、順番に曲がかかる。

すると昌磨は、ほかの子の曲でも、自分の間合いで踊っていたという。

しかも、幼稚園生の頃から、音が鳴ったとたん、ふつうじゃないくらい入り込んでいたそうだ。

ダンスも習っていた時期があったけれど、ダンスはぜんぜん駄目だったのに、不思議だけど、リンクではそんな風に変化するのが昌磨だったらしい。

音楽そのものにも詳しくない昌磨は、プログラムを作るとき、メロディーを聴いて、解釈しながら演技をする。

フィギュアスケートの選手の中には、例えば映画音楽だったら、使われている映画を観たり、作曲したのはどういう人で、どういう経緯で曲を作ったのかを学び、あるいは過去にその曲で滑っている選手がいれば、その映像を観たり、それらを参考にしつつ演技を考えていく人もいるという。

でも昌磨は、いっさい曲のバックボーンを考えたりしない。

音を感じ取り、悲しさや楽しさ、寂しさを昌磨なりに感じている。

母が調べて作曲家の情報などを伝えようとすると、「情報、入れないで。自分で考えたい」と断る。

そして、自分で考えては、リンクで鏡を見ながら動作を確認して、自分の気に入るポジションを探して、身につけたりしている。

例えば、今シーズンのフリープログラム、『月光』。

「ほんとうに、月光なのか分からない」

インタビューで答えたのは、曲を聴いても月の光とは取れなかったからだそうだ。

『月光』は、いろいろなスケーターの人たちが滑ってきたけれど、アイスダンスのガブリエラ・パパダキス、ギヨーム・シゼロンの2人が練習中に振り付けしているのを目にしたくらいで、あとは誰の演技も観ていない。

そもそも、ふだんは、ほかの選手の演技の映像を観ることがない。観るのは、試合のとき。

自分の出番までは時間があるので、「おおすごい」とか「がんばんなきゃ」と思いながら観ているそうだ。

昌磨は、自分の感覚で曲をとらえ、音をつかまえつつ考えて、演技をする。

その姿を見て、美穂子先生は、「ここは、こういう風に振り付けたい」と考え、2人で一緒に作り上げていく。

美穂子先生は、自分の考えを昌磨に押し付けることはない。

小さな頃はともかく、今は昌磨の気持ちを考え、たててくれて、それをサポートしようとしている。

例えば、ジャンプの構成でも、美穂子先生は最初に4回転ループがいいと思っても、昌磨が4回転サルコウがいい、サルコウの方がモチベーションが上がると言ったら、サルコウにする。

美穂子先生が昌磨の意思を尊重するのは、昌磨が自分の発言に責任をきちんと持つからだという。

昌磨は、練習前のアップも、練習後のダウンもしない。

アスリートの人はそうじゃないと思うけれど、美穂子先生は、それに対して、昌磨にやりなさいと言わない。あくまでも昌磨の気持ちに沿おうとしている。

アップやダウンだけでなく、筋力トレーニングもしない。

それでも練習を重ねていくうちに、腕回りとかにしっかり筋肉がついていくそうだ。


昌磨が、フィギュアスケートで苦労していることと言えば、なんといってもスケート靴。いつも、大変な思いをしている。

昨シーズンの世界選手権も、靴の影響で足を傷めて、棄権しようという話になるくらいだった。

でも、「迷惑をかけたくない」と、注射をしたり、治療して頑張った。

この大会の日本代表選手の成績で、今シーズンの世界選手権に日本男子が何人出られるか、出場枠がかかっていた。

自分が棄権したら、最大の3枠を日本が取れないかもしれない、そんな思いがあった。

フリーが終わったとき思わず「3枠取れた？」と美穂子先生に聞くくらい、責任を感じていた。

昌磨は、足首が柔らかく可動域が広い。

好きに動く足首と言っていいくらいだ。

スケート靴は硬いし、練習や試合で滑り続けていると傷んでくるから、ときどき新しいのに替えないといけない。

新しい靴は窮屈で、慣れるまでに1カ月はかかる。

でも、2カ月たつ頃には、今度は靴が柔らかくなりすぎて、足に負担がかかってしまう。

すると、腓骨がすぐ痛くなる。

靴の替えどきを逃すと、すぐに骨挫傷になった。

不思議なことに、靴を替えた日は、全種類のジャンプをほぼ跳べる。

でもその翌日から、少しずつ跳べなくなって、2週間目になると、スランプに陥る。

これは毎回のこと、原因は分からない。
これは推測でしかないけれど、靴を替えた日は、すごく丁寧に慎重に跳ぶ。
「全部跳べたらすごい」って、ゲーム感覚で跳んでいるのかもしれない。
翌日からは、初日に跳べたから、今日も跳べると思ってしまって崩れていく……。
また少しずつ回復して、1カ月過ぎには、自分のジャンプを取り戻している。
今シーズンは、新しい取り組みをしていて、1カ月ごとに靴を替えている。
靴をひんぱんに替える一方で、エッジの研磨は、3~4カ月間はしない。
エッジの研磨といっても、知らない方もいるかもしれない。
スケート靴の下には、ブレードと呼ばれる金属でできた部分が取り付けられている。

ブレードの氷と接する刃のようなところをエッジという。

滑っていると磨耗するので、選手の人たちは、定期的にコーチの人や職人さんに磨いでもらうのだけど、昌磨はエッジにこだわりがあり、同じものを使いたいからあまりしない。

研磨をしないので、エッジは減らない。

そんなこだわりを見せる一方で、靴紐はすごくよく切れるけれど、面倒だから結んで使っている。

それを見て、みんながはらはらしている。

たえちゃん

昌磨は、感受性が強い人だなと思う。

具体的なエピソードが思い浮かぶわけではないけれど、そう感じる。

それに、人にとても気を遣い、優しさや思いやりも持っている。

例えば、スケートの練習のときの話。

ほかの選手がコースにいると、ジャンプが跳べない女の子がいた。

その子が何周まわっても跳べないでいると、昌磨が「跳ぶまで、ちょっと待ってあげて」と、周りの子に声をかけることがあった。

最近は、こんなこともあった。

自分の靴の不調整でレッスンが押してしまい、そのままだと次の子のレッスンがなくなりそうなときがあった。

先生からしたら、昌磨の試合が近いので、昌磨のレッスンをしようとした。

そのとき、「僕じゃなくて、次の子をしてください」と、先生にお願いをした。

物怖じすることなく、誰とでも話す僕と違って、昌磨は、昔は知らない人の前ではまったく話さなかった。

最近は慣れてきて、大丈夫になったみたいだ。

活躍するようになって、責任も自覚して、しっかり話さなければいけないと思うようになったからだと思う。

そんな昌磨は、たくさんの人と仲良くなるタイプでもなくて、少ない人と仲良くなる。

そして、仲良くなった人のことは、とても大切にしている。

これはスケートじゃなく、昌磨と同じ高校の先輩から聞いた話だ。

高校で、昌磨と仲の良い子が、１人で泣いていたとき、黙ってずっとそばに座っていたことがあったのだという。

何も喋らずに、座っていただけ。

その子が泣きやんだとき、昌磨が座っているのに気づいてびっくりし、「昌磨、いたんだ！」って言ったら、昌磨は、こう答えたそうだ。


「うん、何かほっとけなくて」


昌磨は、人の気持ちを傷つけないように、考えて喋る。

自分の言葉で、人が傷つくのを極端に避けて話す。

でも、人から傷つけられることを言われても黙るだけ。

言い返したりはしない。

「我慢すれば、ここで終わるから」

小さい声で、教えてもらったことがある。

信じている人以外からは、何を言われても「面白っ！」って、全然気にしない。

選手だから、どうしてもいろいろな評価をされたりするけれど、それもまったく気にしない。

ときに「あれ？」「これ、違うなあ」と思うような記事が出ることもあるし、今はＳＮＳで、事実ではないようなこともいろいろ書かれる時代だ。

「そういう記事を見たりすると、どう思う？」

母が聞いたことがある。

「関係ない人に、何を言われても気にならないんだ。どんな風に書かれても、言われても、かえって面白いんだ」

そう答える昌磨に、強いな、と母は思ったという。

でも、信じている人の言葉は、心で聞く。

知っている人の言葉には、落ち込んだりもする。

そんな昌磨を、まわりの人は、みんな知っている。

昌磨は、スケートが好きで、スケートに打ち込んでいた。

母もそれを応援していたし、リンクに送り迎えをしたり、全力でサポートしていた。

母には厳しいところがあったから、昌磨の練習の様子を見て、叱ることも少なくなかった。

母も叱りすぎたな、と思うときはあったらしい。

でも叱ったのは自分自身なので、フォローしづらくもあった。

そんなとき、昌磨の気分転換を図ってくれたのが叔母と、「たえちゃん」だった。

たえちゃんは、昌磨が全日本ジュニア選手権に初めて出場して3位になったとき、観に来てくれた叔母の友人で、昌磨が頑張っている姿を見て、応援するようになった方だ。

やがて、昌磨は、たえちゃんの家に遊びに行くようになった。

泊まりがけで行くと、たえちゃんは夜通しカードゲームをしてくれたり、たくさん遊んでくれた。

僕も、一度行ったことがある。

でも、たえちゃんが飼っている犬に吠えられて、それで犬が怖くなって行けなくなった。

昌磨は、吠えられることなく、かわりにマーキングされる始末だった。

昌磨は、遊びに行くのを楽しみにしていたようだ。

でも、たえちゃんとの時間は長くは続かなかった。

初めての全日本ジュニア選手権で3位となった次の次のシーズン。

たえちゃんは、亡くなった。

2012年1月、昌磨がインスブルックで、ユースオリンピックに出場しているさなかのことだった。

帰国した昌磨は、たえちゃんの葬儀に駆けつけると、ユースオリンピックで手にした銀メダルを棺に入れると言った。

燃えないものは駄目だと分かると、賞状を棺におさめた。

たえちゃんは病気になったあと、しばらく「会いたくない」と昌磨に会うのを拒んだ。がんで変わり果てた姿を、見せたくないという思いだった。

調子がよくなったとき、入院していた病院にお見舞いに行けることになって、たえちゃんは、頑張ってきれいに整えて、昌磨を迎えてくれた。

「昌磨の試合に行きたいな、早く元気になりたいな」、昌磨に言った。

昌磨は帰ってくると、母に言ったそうだ。

「元気だったよ。顔を見てほっとした」

それがたえちゃんに会った、最後の日となった。

『See You Again』というエキシビジョン用のプログラムがある。

今までに何度も披露しているし、平昌オリンピックのエキシビジョンでも滑ったから、ファンの方以外でも、知っている人もいるんじゃないだろうか。

このプログラムをいただいたとき、昌磨は言ったそうだ。

「たえちゃんを思って滑る」

たえちゃんの住む町は、名古屋市から南の方、自然豊かなところだった。

のどかな町に住むたえちゃんは、昌磨のことを、自分の子どものようにかわいがっていた。

そんなたえちゃんと過ごすのは、フィギュアスケートからひととき離れるための、貴重な時間だったんだと思う。


だから昌磨の心には、今も、たえちゃんがいる。

静かなオリンピック

５歳でフィギュアスケートに出会い、浅田真央ちゃんに誘われ、自分でも「やりたい」と言って始めたフィギュアスケート。真央ちゃんをはじめ、山田満知子先生や樋口美穂子先生、たくさんのスケートの仲間にも支えられて、昌磨は２０１８年、平昌オリンピックに出場した。

たいがいの競技だと、オリンピックに出ることが決まる瞬間というのは、特別な思いや感情が、選手本人や家族、周囲の人たちの中に起きるのかもしれない。

ただ、うちの場合はそういうことはなかった。

たぶん、ここ1、2シーズンの成績や立ち位置を考えれば、出場するかしないかという話でないのが、分かっていたからだと思う。

2016年の世界選手権で7位に終わったのをバネにした昌磨は、その翌シーズンである2016-2017シーズン、国内・海外あわせて10の大会に出場し、優勝が6回、2位が2回、3位が2回と、すべて表彰台に上がる好成績をおさめた。

迎えた2017-2018シーズン、つまりオリンピックシーズンも、初戦となったイタリアでのロンバルディア杯を皮切りに、大会では優勝ないしは2位のどちらかという結果を残し続けていた。

それぞれの大会の中ではミスすることもあったけれど、どんな出来であっても2シーズンにわたり安定して上位に位置する成績をあげられたことは、昌磨の地力の向上を如実に示していたと思う。

だから、オリンピック出場をかけた2017年12月の全日本選手権で優勝し、試合のあとに正式に代表選手として発表されても、僕ら家族には、特に興奮はなかった。

昌磨も、優勝したことや、オリンピックに出ることが決まったことへの感慨なんてなく、ただ思うような演技ができず、泣いて悔しがるばかりだった。

年末年始には、恒例となっている家族旅行があった。

いつものように昌磨は、試合での悔しさをひきずることもなく、いつもの昌磨で、何も変わらなかった。

福岡での年越しだった。

ホテルの方が昌磨を知っていて、ウェディングケーキかと思うような特大の立派なケーキを用意してくれた。

ケーキには「オリンピック出場、おめでとうございます」とメッセージが添えられていた。

母や昌磨は、喜んでケーキを食べた。

僕は、そのホテルのステーキがおいしくて、楽しく過ごした。

年が明けて、平昌オリンピックの日は、1日1日と近づいてきた。

それでも昌磨は、いつも通りに過ごし、練習をして、家ではゲームをして、眠いときはたくさん眠って、淡々としていた。

オリンピックが、アスリートの方々にとって特別な大会であるのも確かだから、昌磨に対しても、どうしても「オリンピックは特別な舞台だから、強く意識しているんじゃないか」「ほかの大会とは、意気込みも異なるんじゃないか」と思いがちかもしれない。


でも、そうじゃない。


昌磨は1試合1試合、どの大会でも全力で行く。

いつもそうだ。

だから、オリンピックだけが特別なわけじゃない。特別だというなら、どの大会も特別だ。

そんな昌磨だから、オリンピックを前にしても、いつも通りだったのかなと思う。

そしてそんな風に過ごせたのは、周囲の方々の気遣いがあったのも大きかったかもしれない。

両親は、やっぱりオリンピックに出ることがうれしかったみたいだけど、努めて、いつもと変わりのないようにふるまっていた。

両親にとどまらない。

オリンピックの代表になると、支援している企業などで壮行会があったり、いろいろな行事があるらしい。

でも、昌磨は一切、イベントなどはなかったし、そうした関係者の方々が、練習する中京大学のリンクを訪れてくることもなかった。

いつも通りに過ごして、大会を迎えられるようにしよう、という配慮からだったのだと聞く。

周りのサポートもあって、静かにオリンピックを迎えることになった。

1月下旬、台湾の台北で行われた四大陸選手権は2位。

そして2月となり、僕ら家族も、昌磨を観るために、平昌へと向かった。

母は、6日に韓国入りした昌磨とほぼ同じような時期に平昌に乗り込み、父と僕は、たしか試合の前日か前々日に入ったと思う。

昌磨にとって、そして僕たち家族にとっても、初めてのオリンピックだった。

オリンピックは、特別だった。

昌磨自身は、特別だと感じていなかったかもしれないけれど、僕らにとっては、特別な舞台だった。

それを実感したのは、試合のことを、家族それぞれに、ほとんど記憶していないことが分かったからだ。

特に、個人戦のフリーの日はそうだった。

昌磨はまず、2月9日に行われた団体戦のショートプログラムに出場。参加した選手のうち、ただ1人100点を超える得点をあげる上々のスタートを切った。

団体戦を経て、いよいよ個人戦。

2月16日、昌磨はショートプログラムに臨み、4回転フリップ、4回転トウループ－3回転トウループのコンビネーションジャンプを決めるなどして、3位につける。

その翌日が、フリーだった。勝負のときだった。

母は言う。

「オリンピックの演技、記憶が飛んじゃっているの。まだ演技の映像を観れない、見返せない。フリーは、特に観返すことができない。もし、もう一回観たとき、表彰台に立っていなかったらどうしよう、そんな想像をしてしまうくらい、観るのが怖い」

父も、いつもとは違った。

「人間って、こんなに緊張できるんだというくらい緊張したね。フリーの最初のジャンプでこけたのは覚えているけれど、あとは緊張で、あまり覚えていない。動画で見直してみて、あ、こうなんだ、こう滑っていたんだと分かった」

父は計算が得意だから、試合でフリーの得点が出たときに、ぱっとショートプログラムの得点と合計して、総合順位が表示される前に、「昌磨は何位だ」と分かるのに、「2位？　3位？　どっち？」と、平昌では計算ができなかった。

それもまた、いつもの父らしくはなかった。

余談っぽくなるけれど、父は選手が出せるマックスの点数を頭に入れておいた上で、演技を観て、マックスの点数から減点していって、だいたいの点数を割り出す。

これが高い精度を誇っていて、実際の得点とあまり違いがなく、正確だ。

昌磨も、父と同じようなやり方で計算できる。

父同様、かなり正確だという。

フリーの演技が終わって、キスアンドクライで美穂子先生ととももに採点結果を待つ昌磨にフリーの得点が出て、総合順位が出る前に「2位だよ」と父や母に教えてあげたのは、僕だった。

そんな僕もまた、ふだんにはない様子だったというのは、あとから母に教えてもらった。

実は、得点を計算して両親に教えてあげた、というやりとりの記憶はない。

いつもなら6分間練習の間に寝てしまうのに、オリンピックでは昌磨の演技を観て、しかも演技中にジャンプが決まったりすると、僕はそのたびに「よし!」と叫ぶくらい、熱くなっていたそうだ。

それもまた、僕はまったく覚えていない。

家族3人にとって、オリンピックは特別な舞台だった。

昌磨のフリーが終わったくらいから、父の携帯が鳴り始め、それは一向にやむことがなかった。

あとで確認すると、LINEのメッセージが百何十件も入っていたらしい。父も頑張って返事をしていたけれど、さすがに全部に返すのは難しかったみたいだ。

「この人、誰？　という人からも来ていたよ」

父は笑う。メダルを獲得すると、知り合いが一気に増える、と聞くことがあるけれど、その話を思い起こさせた。

表彰式は、試合の会場から車で数十分、山の上の式場で行われることになっていた。

僕らは、車で向かった。

僕らが着いたのは、表彰式に間に合うかどうか、というぎりぎりのタイミングだった。

日本スケート連盟の人が迎えに来てくれて、案内されるままに走って前の方に向かうと、昌磨が階段をちょうど上がっているところだった。

なんとか、間に合った。

僕らは、場内の最前列のあたりで、メダルが渡される瞬間を目にした。

すごいな。

心からそう思った。

昌磨は、僕がいることに気づくと「何でいるんだよ」みたいな不思議そうな表情をした。

僕と父、母、そして美穂子先生で、一生懸命手を振った。

すると昌磨は、ちょっと嫌そうな顔をした。

「みんな、騒ぎすぎ！」と言っているようだった。

その翌日、記者会見を終えた昌磨は大会最終日に行われるエキシビションの前にいったん帰国し、北九州で練習することになっていた。

昌磨と同じ便で僕らも帰国することになっていて、空港で合流する予定だった。

それが、オリンピックが始まってから会えなかった昌磨と、ようやく再会した瞬間だった。

「おめでとう」

僕が言うと、昌磨が返した。

「ゲームしよう」

銀メダルを記念に撮りたいという関係者の方たちの手にメダルが渡り、次々に写真におさめられているかたわらで、昌磨と僕は久しぶりにゲームを始めると、やがて熱中していた。

いつもの昌磨が、そこにいた。

昌磨が銀メダルを獲ったことの大きさを実感したのは、帰国後だった。

テレビや新聞では連日取り上げられていて、家族みんな驚かされた。

　今までにない報道の量だった。

　僕は行きつけにしている本屋さんがあったけれど、そこに「昌磨の弟が通っている」と知られたみたいで、お店で喋りかける人も出てくるようになったから、やむをえず別の本屋さんに行くようになった。

　大須で遊んでいたときも、ＳＮＳで「樹君がいる」と書かれて、慌てて場所を移動したり。

　そんなところでも、昌磨がオリンピックのメダルを獲得したのを実感させられた。

変わりゆく未来

母は、「はじめから、昌磨には能力があると思っていた」と言う。浅田真央ちゃんに誘われ、昌磨がフィギュアスケートをやりたいと言ったときから「これだ」と感じた。

いろいろなスポーツをさせてきたけれど、スケートだけは「はまった」と思った。

当時の母はフィギュアスケートに詳しいわけではなかったけれど、滑っている姿を見て、ほかの子と違うと感じて、「この子は、フィギュアスケートで行ける」と思えた。

この子は、フィギュアスケートで行ける。

それは、直感だったと振り返る。

スケートがはまったなら、勉強も何もいらないから、スケートだけうまくなればいい。

世間では、ちょっと変わっていると思われてもいい。

母が尊敬していた、フィギュアスケートの選手のお母さんの姿勢を手本としつつ、見習いながらそう考えて、母なりに懸命にサポートをしてきた。

母は、厳しかったから、昌磨とぶつかることも、珍しくはなかった。

でも、昌磨の未来を信じて、サポートに徹してきた母の存在がなければ、昌磨の現在もなかったと思う。

昌磨がフィギュアスケートに打ち込み、そして母がサポートに力を注げたのも、父の理解あってのことだ。

フィギュアスケートはとてもお金がかかる競技だ。でも踏ん張って競技を続けられたのは、父が頑張ったからだと、母は振り返る。

今、父は昌磨についてこう語る。

「こうなってほしいというのは、考えたことはない。現役の間は、努力したことが結果となって出せればいいかな、ということくらい。引退しても、昌磨のやりたいところで進んでいけばいいなと思う」

父は、こんな話もしていたそうだ。

「こうした方がいい、ああした方がいい、と子どもたちに言う自信があるわけではないし、これをしたら成功する、という方法も分からないじゃないですか。自分もそうだったし、周囲を見ても、正解はない。それだったら、自分自身で選んだところを進んでもらうのが、成功でも、失敗でもいいし、子ども自身の希望に沿うのが、いいんじゃないかと思いますね」

父も、そして母も、子どもにこうあってほしい、こう進んでほしいとレールを敷いたりすることはなかったし、もちろん間違っても、こうやって生きていきなさいと仕向けたり、強制することもなかった。

　ただ、昌磨が、自分の意思で進む道を決めたあとは、惜しみなく支えてきたのだと思う。

　僕は、昌磨がスケートの選手だということを強く意識することなく、兄弟として、ゲーム好きな仲間として、いつも変わりなく接してきたつもりだ。

　でも、母からは感謝されているようだ。

　ある人に、こんな話をしていたそうだ。

「樹は、たぶん自分のことをあまり覚えていないし、そこまで意識していないと思うけれど、試合前、私がきりきりするので、迷惑をかけないようにしてくれるんです。樹は、あまり言葉は多い子じゃない。でも、あの子がいるから、私は昌磨に全力で打ち込めた。そうそう、樹は、自転車では、歩道を絶対に走らないんです。自転車で歩道を走るのは、違反じゃないですか。もし歩道を走って、そこで止められて、宇野君の弟となると駄目だから、と。すごいまじめに守っています」

僕は、今の昌磨の活躍を見て、ほんとうにすごいと思うし、尊敬もする。

昌磨と違って、努力するのは苦手だけど、身近な人で、ここまでできる人がいると、自分に期待するというか、自分も何かできるんじゃないかと思えてくる。

そんな、見本のような存在だ。

僕自身は、どう歩んでいきたいかを決めていない。

まだ高校生だし、いろいろやれることをやって、選択肢を増やして、いずれ進める道を選んで、進んでいきたいと思っている。

両親は、「選択肢は、無限にある」と言う。

今、漠然とだけど、海外に出る選択肢も頭にある。大学に行くわけじゃなく、4年間大学に行ったつもりで、遊ぶなら遊ぶだけ遊ぶ、働きたいだけ働けばいい、と父からはアドバイスされている。

今、僕に不安はない。

海外に行くのが楽しみだし、もし行かないことになっても、それはそれで楽しみだ。

もし僕が海外に1人で暮らすとなったとき、それでも昌磨の大会に行くだろうか……きっと、そのときの状況によると思う。

僕は、乗り物での移動時間が好きではなく、車でどこかに行くより、自転車をこいでいくのが好きなくらいだから、飛行機で移動しなければいけない場所は、行きたくないと思ってしまう。

だから、海外の滞在先の近くである大会ならともかく、遠く離れたところなら、行くことはないんじゃないかと思う。

昌磨も、僕をあてにしていたりすることはないから、来てほしいとは言わないはずだ。今までが、そうだったように。

それでももし、昌磨から「来て」と言われたら、それは危機にある場合だ。

場所は、遠ければ行かないかもしれない……。
いや、そのときは、きっと行くだろう。

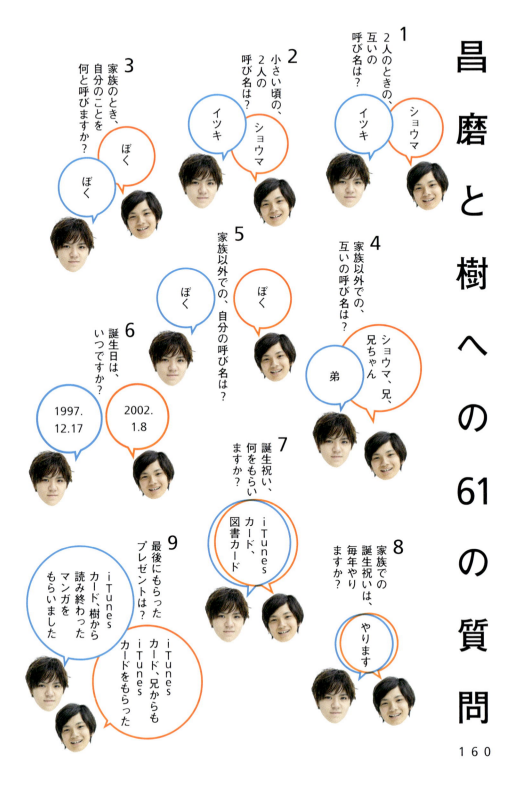

昌磨と樹への61の質問

1 2人のときの、互いの呼び名は？

ショウマ

イツキ

2 小さい頃の、2人の呼び名は？

ショウマ

イツキ

3 家族のとき、自分のことを何と呼びますか？

ぼく

ぼく

4 家族以外での、互いの呼び名は？

ショウマ、兄、兄ちゃん

弟

5 家族以外での、自分の呼び名は？

ぼく

ぼく

6 誕生日は、いつですか？

2002. 1.8

1997. 12.17

7 誕生祝い、何をもらいますか？

iTunesカード、図書カード

8 家族での誕生祝いは、毎年やりますか？

やります

9 最後にもらったプレゼントは？

iTunesカード、兄からもiTunesカードをもらった

iTunesカード、樹から読み終わったマンガをもらいました

10 名古屋は、好きですか？

好き

11 名古屋を、好きな理由

都会過ぎず、いい具合の大きさの街だから…。東京も嫌いじゃないけれど、電車も含めて、人が多すぎる

ごはんがおいしいし、何より家が好きだから…

12 好きな球団は、中日ですか？

野球は見ません。見たとしても、単に応援をしているだけですね

あまり他のスポーツを見ていません

13 日本は、好きですか？

大好きです

14 日本を、好きな理由

日本が便利なことは、海外へ行っていると感じます。（たしかに英語は得意ですが）、日本語が通じますし…。英語を使うと疲れるんです

話が通じますし、コンビニがありますし、ごはんがおいしいですし…

15 いつか住んでみたい国は？その理由も…

（友だちが良いって言っていたので）オランダかな…。行ってみたいなら、イタリアかロシアも

分からないです

16 暑がりですか？

暑いのはダメですね。寒いなら着ればいいけれど、暑いと脱ぎきれないし…。クーラーガンガンにして寝ます

暑がりですが、家でも遠征先のホテルでもクーラーはかけません。蒸し風呂みたいだけれど…

17 寒がりですか？

いいえ

冬の方が好きです

18
好きな季節は？

秋！虫が嫌いなので…

虫が嫌い。なので、夏が嫌いだから、冬かな…。蚊でさえも、嫌がってます。小学2、3年の頃、カマキリを中京大で見つけて飼ったことがあります。エサになる虫を捕まえて、触るのが怖いので母にエサあげを頼んで、産卵まで育てたことがありました。2人で楽しんで生き物を飼ったのは、このときだけです

19
特技は、何ですか？

ゲームです。オンラインゲームばかり

たくさん寝ます。起きなくて良ければ一日中でも…

20
趣味は、何ですか？

(外に出るまでが大変ですが…笑)カラダを動かすこと。家では本を読んでいます

一切、家を出ません。家でゲームをしています。ある意味、スケートよりもゲームが好き…

21
嬉しいときの、口癖はありますか？

特にありません

22
嫌なときの、口癖はありますか？

特にありません
（母親談＝2人とも「別に」とか「普通」とか、よく私に言います）

23
怖い話やホラー映画は、好きですか？

好きでも、嫌いでもないです

分かりません…

24
恋愛映画やドラマは、観ますか？

好きでも、嫌いでもないです

分かりません…

25 好きな漫画（本）は？

たくさんありすぎですが、例えば、サッカーマンガなら「BE BLUES！」、恋愛モノだと「クズの本懐」

ファンタジー系や異世界もの。「盾の勇者の成り上がり」とか

26 好きなアニメ作品は？

「ワンパンマン」、「君の名は。」

SAO（「ソードアート・オンライン」の略）、アカシックレコード（「ロクでなし魔術講師と禁忌経典」の通称）

27 好きなテレビ番組は？

ほとんど観ません。たまたま観るとしても「VS嵐」とか…。子どもの頃は、「逃走中」とか「SASUKE」とか、とんねるずの正月特番「とんねるずのスポーツ王は俺だ！」

樹と同じだと思います…

28 好きなタレントは？

松岡修造さんとお会いすることが多いので、修造さんかな…

なので、とんねるず…

29 普段聴く音楽のジャンルは？

アニソン

30 好きなゲームは？

「シノアリス」とか、今の「ウイニングイレブン」

「ベイングローリー」、「荒野行動」、「シャドウバース」

31 好きなミュージシャンは？

適当に聴いている

LiSA

32 買い物は、好きですか？

しないです。頂いたものを着ています

一切しません。嫌いです…

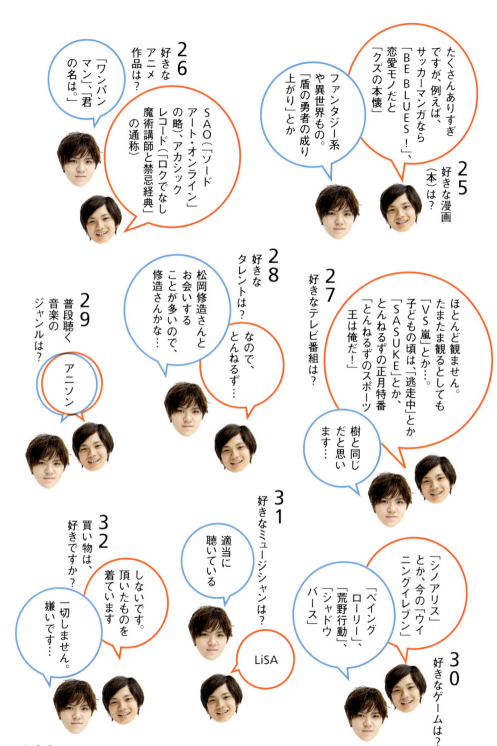

33
スポーツ観戦は好きですか？何を観ますか？

サッカーをやっていたら…。グランパスの試合は、（お声掛けをいただいているので）観ます。でも、スケートは、観ません

W杯サッカーは観ていました。グランパスは、一緒に行くので観ます。（母親談＝スケートは、普段は観ませんが、試合直前に自分の気持ちを高めるために、全選手の演技を観ます）

34
お気に入りのシューズは、どんなシューズですか？

何でも…。特にこだわりはありません

ミズノ。カジュアルなモノも含めて（ミズノからサポートを受けている）

35
好きなブランドやお店は？

ミズノとディーゼル

ミズノ、練習着の提供を受けています（ちなみに樹のグランドホッケーの練習着もミズノが提供）

36
洋服の趣味、一言で表現すると…？

動きやすくて、派手でないもの

ファンの方にディーゼルのウェアをいただくので、よく着ています
※兄弟で、ウェアは靴下以外、下着も含め全て兼用だそうです。靴下は、競技に使うので兄はロング、弟は短いのが好きだとか…

37
スマホの待ち受け画像は、何ですか？

アニメのキャラ

デフォルト画像のどれか

38
イヌ派ですか？それとも、ネコ派ですか？

イヌ。飼っている人が周囲に多いから。でも、道で会うのはネコが多いですね

ネコ。ネコアレルギーだけれど…。（母親談＝昔たくさん飼っていたけれど、喘息の発作が出て、全て知人や友人に引き取ってもらった）

39
その他、好きな動物は、何ですか？

ウサギ。友だちの家にいるから

ないと思う

40 母親の料理で、好きなモノは？

きしめん

肉料理

41 外食で、好きな食べ物は？

コーンが載っているピザ。ギガミートとかも。マルゲリータも

焼肉。カルビとロース、間にごはん。カシスオレンジは食事のときに飲んだりしています

42 大好物、と言えば？

焼肉

ギガミート、すし。すしは、回転寿司で、コーン、カッパ、ズワイガニ

43 好きなお菓子は？

ポッキー。それから、チュロスも

マカロン、チョコレートケーキ、チョコレートは大好物

44 名古屋名物で、好きな食べ物は？

名古屋コーチンの親子丼

名古屋コーチンの親子丼。飛行機の機内食は嫌いなモノが多いので、持ち込んで食べたりしています。幕の内弁当も、ほとんど食べられない

45 朝ごはんの定番では、何が好物？

トーストとカルピス

しゃぶしゃぶ、焼肉。お肉は、200～300gをひとパック。味付けは、ポン酢。もちろん、ごはんも。

46 苦手な食べ物は？

野菜。特に煮込んだ野菜は、ムリ。ピーマンとか、特にムリ。サラダは、ごまドレッシングにすれば、食べられます

肉とごはん以外

47 食わず嫌いなモノは？

おでんの大根（煮込んでいるし、明らかにシャリシャリしてそう…）

シャリシャリした食感がダメなので、生野菜全般。なので、果物も

48
「変な食べ方！」と言われることがありますか？

熱いごはんに水や氷をかける。冷めたごはんが好きだから(いわゆる三角食べはせず、最後にごはんだけを食べる)

しゃぶしゃぶのときのポン酢が沁みたごはん。焼肉のタレが沁みたごはん。ウナギは嫌いだけれど、ウナギのタレが沁みたごはん(ウナギは樹が食べる)

49
子どもの頃、2人で流行った遊びは？

サッカー(2人でやります)。将棋。

家の中では、将棋。外に出たら、サッカー

50
子どもの頃の、好きなイタズラは？

お気に入りのソファの取り合い

ないです

51
整理整頓は、得意ですか？

汚くしない。と言うか、そもそもモノがない…

片付いていない

52
時間に正確なタイプですか？

正確ではない

スケートのレッスンのときだけは正確で、几帳面です

53
目が行きがちな女性は…ショートヘアorロングヘア？

ロング。短いのは考えられない…

ショートヘア、なんとなく

54
目が行きがちな女性は…カワイイ系orキレイ系

カワイイ系。キレイ系は背が高そうなイメージがある。別に自分が低くても構わないけれど…

性格。信頼ができそうな人。カワイ子ぶる人はNG

55
子どもの頃、何でケンカしましたか？今は？

しない

しない

56
寝るときに、パジャマは着ますか？

パジャマ。Tシャツでは寝ません

パジャマです

57
一番面白かった、寝言のエピソードは？

なし

ステーキを食べた晩「ステーキはもっと焼いてください」

58
1日オフのとき、何をしますか？

寝て、寝て、ゲームして、本読んで、眠くなるから寝る。

ゲームか、寝る。

59
子どもの頃から捨てられないモノは、何ですか？

子どものころから使っている毛布。感触、匂いが良い（クマやウサギの絵柄あり）

肌触りのよいタオルケット。海外遠征にも持参する。合計8枚あるので、なくしたら2番目のお気に入りが1番に

60
一番大事にしているモノは、何ですか？

友だち

ゲームの時間。ケータイ、バッテリー

61
10年後、何をしていると思いますか？

分からない。5年後なら、大学生になっていると思うけれど。今、就きたい仕事があるわけじゃないけれど、スポーツマネージメントやスポーツトレーナーには興味がある

想像つかない

信用金庫
ニチレイ

あとがき

「昌磨の姿を知ってほしい」という思いから始まったこの本で、僕が見てきた姿を伝えるとともに、昌磨をたどってきました。

本を作る過程では、父や母には、僕が生まれる前の話もたくさん聞きました。

もちろん、知らないことだらけだし、すぐ忘れる僕にとって、新鮮に感じる話ばかり。

そんな話をたくさんまとめた本なので、僕自身、とても楽しく作業ができました。

父や母が撮りためてくれていた写真を整理しながら、まだスケート中心ではなかった頃の穏やかな週末や、旅行の思い出を振り返ったりできたのも、いつかは巣立ってゆく男兄弟の我が家にとって、貴重な時間だと改めて感じています。

何より、僕にとって、あらためて兄を知るとても良い機会にもなりました。

ゲームの昌磨、アップのときにはしゃぐ昌磨、氷の上に立つ前の緊張した昌磨、一日が終わってリラックスした昌磨、いつでも勝負にこだわり続ける昌磨。

読者の皆さんにも、昌磨のいろいろな側面を知っていただく場になったなら、とてもうれしく思います。

そんな僕の思いも知り、シーズンが始まって忙しい中でも、快く協力してくれた昌磨に感謝。

これからも、スケーターとして、ゲーム好きな仲間として、応援していきます。

宇野　樹

*宇野樹と家族の希望で、
本書の売り上げの一部は、
スポーツを愛する方々の未来につなげるため
役立たせていただきます。

編集協力　松原孝臣
フォトグラファー　彦坂栄治（まきうらオフィス／表紙、p.4-29）
田中宣明（シャッターズ／p.30-31、p.36-37、p.168-172、裏表紙）
千葉 格（p.32-35）
今永百合子（p.38）
中島慶子（マガジンハウス／p.39）
グランモデルズ（p.120-123）
宇野家の皆さま（p.74-81、p.112-119）
スタイリスト　九（Yolken／表紙、p.4-29）
ヘア&メイク　井上祥平（ヌーデ／表紙、p.4-29）
ブックデザイン　鈴木成一デザイン室
取材・撮影協力　「フレンズ オン アイス 2018」
Moitie moitie, グランモデルズ
ユニバーサルスポーツマーケティング
機材協力　ニコン

著者プロフィール
宇野 樹
2002年1月8日生まれ。
日本を代表するフィギュアスケーター
宇野昌磨の実弟。
高校生活を送りながら
グラウンドホッケーに励むかたわら、
モデル活動やテレビ出演など
さまざまな活動に打ち込んでいる。
本書『兄・宇野昌磨』が初の著書となる。

兄・宇野昌磨　弟だけが知っている秘密の昌磨

2018年11月29日　第1刷発行
2018年12月13日　第2刷発行
著　者　宇野 樹
発行者　石﨑 孟
発行所　株式会社マガジンハウス
〒104-8003
東京都中央区銀座3-13-10
書籍編集部☎ 03-3545-7030
受注センター☎ 049-275-1811
印刷・製本所　株式会社千代田プリントメディア

 ISBN978-4-8387-3029-2 C0095